Siegfried Matthes

Kaninchenkrankheiten

Kaninchenkrankheiten

Leitfaden zur Erkennung und Bekämpfung

Von Dr. med. vet. Siegfried Matthes

3., aktualisierte Auflage

Verlagshaus Reutlingen
Oertel + Spörer

Haftungsausschluß
Die Hinweise in diesem Buch stammen vom Autor. Es können jedoch keinerlei Garantien übernommen werden.
Eine Haftung des Autors bzw. des Verlages und seiner Beauftragten für Personen-, Sach- und Vermögensschäden ist ausgeschlossen.

Die Deustche Bibliothek – CIP-Einheitsaufnahme

Matthes, Siegfried:
Kaninchenkrankheiten : Leitfaden zur Erkennung und Bekämpfung / von Siegfried Matthes. – 3., aktualisierte Aufl. – Reutlingen : Verl.-Haus Reutlingen Oertel und Spörer, 1995
ISBN 3-88627-159-5

Das Umschlagbild entstand unter freundlicher Mitwirkung
von Dr. Werner Nebinger und seiner Frau
in der Kleintierpraxis in 72793 Pfullingen. Foto: Ermo Lehari.

Postfach 1642 · 72706 Reutlingen
3., aktualisierte Auflage

Schrift: 9/11 p Garamond
Satz und Druck: Oertel+Spörer, Reutlingen
Einband: Heinrich Koch, Tübingen
Printed in Germany
ISBN 3-88627-159-5

Vorwort zur 3. Auflage

Die vorliegende dritte Auflage ist im wesentlichen ein Neudruck der zweiten, in die allerdings einige notwendig gewordene Ergänzungen, die sich durch die Entwicklung neuer Impfstoffe in den letzten Jahren ergeben haben, eingearbeitet worden sind.

Auf den aktuellen Stand gebracht wurde die Desinfektionsmittelliste und der Adressenteil mit den tierärztlichen Untersuchungsstellen.

Ich hoffe, daß auch die dritte, aktualisierte Auflage denselben Anklang finden wird, wie die beiden vorhergehenden und ihren Zweck erfüllt.

Celle, im März 1995 Siegfried Matthes

Vorwort zur 2. Auflage

Seit Erscheinen der ersten Auflage sind neue Erkenntnisse in der Verhütung und Bekämpfung einiger Krankheiten gewonnen worden, so daß eine Überarbeitung des Inhaltes erforderlich war. Seit 1988 hat zudem eine bis dahin unbekannte Virusinfektion, die RVHD, auch in Deutschland weite Verbreitung gefunden, die es zu beschreiben galt.

Die notwendig gewordene Neuauflegung des Buches gab Gelegenheit, diesen Entwicklungen Rechnung zu tragen sowie im Text einige Korrekturen und Ergänzungen vorzunehmen.

Dabei wurde die knappe Fassung beibehalten, die dem Leser auf wenig Platz eine Fülle von Informationen vermitteln soll.

Die Anzahl der Abbildungen wurde vermehrt, die Liste der zur Behandlung von Krankheiten einsetzbaren Arzneimittel erweitert und die Adressen der tierärztlichen Untersuchungsstellen in den neuen Bundesländern aufgenommen.

Dem Verlag danke ich vielmals für die Bereitwilligkeit, meine Wünsche zu berücksichtigen und für die vorbildliche Ausstattung des Buches.

Celle, im Juli 1991 Siegfried Matthes

Vorwort zur 1. Auflage

Dieses Buch wurde für den Kaninchenzüchter und -halter geschrieben und soll ihm ein Ratgeber bei der Erkennung, Verhütung und Bekämpfung der bei Kaninchen vorkommenden Krankheiten sein.

Das Spektrum der Krankheiten ist breit, von züchterischem und wirtschaftlichem Interesse sind jedoch nur wenige Krankheitskomplexe, die ausführlich beschrieben werden. Seltener auftretende Krankheiten und Schäden werden kürzer behandelt oder nur gestreift. Versucht wurde, das Wissenswerte über eine Krankheit, insbesondere die zu ihrer Erkennung und Verhütung dienenden Fakten übersichtlich und einprägsam darzustellen.

Die Entwicklung vieler Krankheiten, gerade auch solcher, die hohe Verluste unter den Kaninchen fordern, wird durch Haltungs- und Fütterungsfehler begünstigt. Diese Zusammenhänge deutlich zu machen und Verständnis für hygienische Maßnahmen, z.B. eine regelmäßige Desinfektion zur Verringerung des Infektionsrisikos, zu wecken, ist mit ein Anliegen dieses Buches.

Bei den wichtigsten Kaninchenkrankheiten steht heute nicht mehr die Behandlung einzelner erkrankter Tiere, sondern die Gesunderhaltung des Gesamtbestandes im Vordergrund der Bekämpfungsmaßnahmen. Deshalb wurde auf eine sinnvolle und wirksame Vorbeuge besonderes Gewicht gelegt.

Dem Verlag Oertel + Spörer, Reutlingen, danke ich für die verständnisvolle und stets angenehme Zusammenarbeit und die gute Ausführung des Buches und hoffe, daß es dem Kaninchenzüchter und -halter hilft, seine Tiere gesund zu erhalten.

Celle, im September 1984 Siegfried Matthes

Inhaltsverzeichnis

Tabellenübersicht

I. Allgemeiner Teil

1. Allgemeines über Krankheiten und deren Bekämpfung

1.1 Gesunde und kranke Kaninchen

Gesund ist ein Kaninchen, wenn seine Lebenserscheinungen (Ernährung, Stoffwechsel, Bewegung, Fortpflanzung, psychische Tätigkeit) regelmäßig vor sich gehen und die Organe bzw. Körperteile normal gebaut sind.

Abweichungen vom normalen (physiologischen) Zustand der Körperteile bzw. Organe und deren Tätigkeit mit oder ohne Behinderung lebenswichtiger Organfunktionen, Beeinträchtigung des Allgemeinbefindens, Schmerzen und andere Störungen sind Ausdruck oder Folgen krankhafter Zustände im Organismus. Solche können auf einzelne Körperteile beschränkt bleiben (lokaler Krankheitsprozeß) oder infolge ausgedehnter Funktionsstörungen der Organe zur Allgemeinkrankheit mit oder ohne Todesfolge werden.

Als *krankhafte Störungen* treten auf:

1. Veränderungen oder Fehler im Aufbau der Körperzellen, Gewebe oder Organe, z. B. Zusammenhangstrennungen der Haut und Muskeln (Wunden), Umfangsvermehrungen an einzelnen Körperteilen oder Organen (Geschwulstbildung), Leberschwellung u. a.).
2. Veränderungen in Menge und Beschaffenheit der Zellbestandteile (Fettablagerung in Zellen, Arterienverkalkung u. a.).
3. Störungen der physiologischen Tätigkeit der Körperteile bzw. Organe (Durchfall, beschleunigte Atmung, Krämpfe, Bewußtseinsstörung, Lähmung, Schmerz u. a.).

1.1.1 Krankheitsursachen können sein:

1. Ungünstige Erbanlagen (Folge: Erbkrankheit, Konstitutionsmangel, Krankheitsanfälligkeit).
2. Fütterungsfehler
   a) Unter- oder Überversorgung mit Nährstoffen (Folge: Mangelkrankheit, Unterernährung, Hungertod, Fettsucht),
   b) Verfütterung schädlicher, verunreinigter oder verdorbener Futtermittel (Folge: Vergiftungen, Magen-Darm-Erkrankungen),
   c) Fehler in der Futterauswahl und Fütterungstechnik (Folge: Entwicklungsstörungen, Magen-Darm-Erkrankungen),
   d) Unterversorgung mit Wasser (Folge: Exsikkose, Stoffwechselstörungen, Verdursten).

3. Haltungsfehler
   a) Ungünstige stallklimatische Bedingungen (Folge: Unterkühlung, Entwicklungsstörungen bei Jung- und Masttieren, Anfälligkeit für Erkrankungen der Atmungsorgane, Hitzschlag, Erstickungstod),
   b) Ungeeignetes Baumaterial für Käfige bzw. Buchten und Stalleinrichtungen, unzweckmäßige oder schadhafte Drahtgewebe als Gehegeboden (Folge: Verletzungen),
   c) mangelhafte Hygiene (Folge: erhöhte Infektionsgefahr).
4. Mikroorganismen und Parasiten
   a) Bakterien, Viren, Pilze, Protozoen (Folge: spezifische Infektionskrankheiten wie Pasteurellose, Myxomatose, Kokzidiose u. a.),
   b) Ektoparasiten (Hautschmarotzer), z. B. Milben, Flöhe u. a. und Endoparasiten (Innenschmarotzer), z. B. Magen-Darm-Würmer, Leberegel u. a. (Folge: Räude, Darmerkrankungen, Entwicklungsstörungen, erhöhte Krankheitsanfälligkeit).
5. Giftstoffe, wie Pflanzenschutz-, Dünge- und Schädlingsbekämpfungsmittel (Folge: Vergiftungen, Magen-Darm-Entzündungen, Haut- und Schleimhautschäden u. a.).
6. Gewalteinwirkungen, z. B. Schlag, Stoß, Dehnung (Folge: Verletzungen, Brüche, zentralnervöse Störungen, Lähmungen, Verblutung).

Bei der Entstehung von Krankheiten wirken oft mehrere Faktoren zusammen (z. B. Fütterungs- und Haltungsfehler als Wegbereiter für Infektionskrankheiten).

1.1.2 Krankheitsvorbeugung:

Das Spektrum der bei Kaninchen vorkommenden Krankheiten ist breit, Haltungsform und Altersgruppierung innerhalb der einzelnen Bestände wie auch die weitgehende Ausgeglichenheit des derzeitigen Zuchtmaterials haben aber dazu beigetragen, daß einige Krankheitskomplexe häufig, andere dagegen nur selten beobachtet werden.

Bei älteren Tieren wird ein vielfältiges, meist auf Erkrankungen einzelner Organe zurückgehendes Krankheitsbild angetroffen, die Zahl der Erkrankungs- und Todesfälle ist aber gering. Wirtschaftlich und züchterisch bedeutungsvoll sind dagegen bestimmte, durch umweltbedingte Faktoren (Haltungs- und Fütterungsfehler) begünstigte Erkrankungen, die besonders unter Jungkaninchen hohe Verluste fordern, und Infektionskrankheiten, von denen alle Tiere eines Bestandes betroffen sein können.

Krankheitsvorbeugende Maßnahmen dürfen sich deshalb nicht auf einzelne Tiere beschränken, sondern müssen immer den Gesamtbestand berücksichtigen.

Die Krankheitsvorbeugung erstreckt sich auf:

1. Die Haltung:
   Haltung der Tiere in trockenen, gut gelüfteten (Zugluft vermeiden!), möglichst temperierten Räumen (15–18 °C, 60–70 % Luftfeuchtigkeit), Stalleinrichtungen (Käfige, Futter- und Wasserbehälter u. a.) dem Alter und Nutzungszweck der Tiere anpassen, Haltung der Tiere möglichst auf Drahtrosten, sonst häufiger Einstreuwechsel. Unterbringung der Tiere in kleinen Stalleinheiten. Überbesatz vermeiden, räumlich getrennte Aufstallung von Zucht- und Jung- bzw. Masttieren (Zuchttiere immer zuletzt versorgen!). Bei Masttierhaltung die „all in-all out-Methode“ (gleichzeitige Ein- und Ausstallung aller gleichaltrigen Tiere) anwenden.
2. Die Fütterung:
   Bereitstellung eines dem Nährstoff-, Energie-, Vitamin- und Mineralstoffbedarf der Tiere entsprechenden Futters. Vermeidung der Verfütterung von verdorbenen, schädlichen und verunreinigten Futterstoffen. Bereitstellung von frischem Wasser in ausreichender Menge zur beliebigen Aufnahme.
3. Die Züchtung:
   Tiere mit mangelnder Gesundheit oder körperlichen Mängeln von der Zucht ausschließen.
4. Die Stallhygiene:
   Regelmäßige Reinigung und Desinfektion der Stallanlage, Futter- und Wasserbehälter. Laufende Ungeziefer- und Schadnagerbekämpfung.
5. Die spezifische Infektionsabwehr:
   Schutzimpfung (Myxomatose) und vorbeugender Arzneimitteleinsatz über das Futter oder Trinkwasser (Dysenterie, Kokzidiose).
6. Die Vermeidung der Erregereinschleppung und -ausbreitung:
   Quarantäne neuerworbener und von Ausstellungen zurückkommender Kaninchen, Isolierung kranker Tiere, Einschränkung des Personenverkehrs.

1.1.3 Krankheitserkennung:

Hinweise auf Erkrankungen geben das veränderte Verhalten eines Tieres, Störungen in seinen Lebensabläufen und Organfunktionen, von der Norm abweichende Gestalt und Größe der Körperteile und Organe sowie Veränderungen in der Beschaffenheit der Ausscheidungen. Zur Erkennung eines krankhaften Zustandes ist deshalb eine regelmäßige und genaue Beobachtung des Tieres und seiner Ausscheidung notwendig, um normales von gestörtem Verhalten unterscheiden zu können. Die festgestellten Veränderungen lassen Rückschlüsse auf Art und Verlauf der Erkrankung zu.

Gleichartige Krankheitserscheinungen können aber durch ganz unterschiedliche Faktoren ausgelöst werden, so daß aus ihnen allein oft nicht auf die Krankheitsursache geschlossen werden kann. Die Kenntnis der Ursache aber ist die Voraussetzung für die erfolgreiche Bekämpfung einer Krankheit.

Sofern aus den klinischen Symptomen die Ursache nicht zu erkennen ist, muß eine Klärung durch die Sektion und gegebenenfalls durch eine feingewebliche (histologische), bakteriologische, parasitologische oder toxikologische Untersuchung herbeigeführt werden. Einige dieser Untersuchungen werden von praktizierenden Tierärzten vorgenommen, andere sind nur in entsprechend eingerichteten Labors (siehe Seite 18) durchzuführen.

Dem Kaninchenhalter wird es oft nicht möglich sein, die Ursache einer Erkrankung zu erkennen, wohl aber zu beurteilen, ob es sich um einen Einzelfall handelt oder ob mit einer ansteckenden Krankheit, die seinen gesamten Bestand gefährden kann, zu rechnen ist. In allen Zweifelsfällen sollte möglichst frühzeitig ein Tierarzt zu Rate gezogen werden. Kranke Tiere sollten umgehend von den übrigen Kaninchen getrennt und möglichst in einen anderen Raum umgesetzt werden. Sie sollten eingehend untersucht und nur dann behandelt werden, wenn ihre vollständige Heilung möglich erscheint.

Die folgende alphabetische Auflistung von Krankheitszeichen (Symptome) soll dem Kaninchenhalter und -züchter Hinweise zur Erkennung von Krankheiten geben und ihn veranlassen, vorbeugende Maßnahmen einzuleiten, bevor ein Tierarzt die genaue Diagnose gestellt hat und eine Behandlung vornimmt.

Diagnosehilfe

Krankheitszeichen bzw. krankhafte Veränderung	*Verdacht auf*
Abmagerung, unregelmäßige Futteraufnahme	chronisch verlaufende Infektionskrankheiten; Parasitenbefall; chronische Organkrankheiten; Geschwulsterkrankungen; Fremdkörper
Atembeschwerden	Ansteckender Schnupfen; Lungenentzündung; RVHD; Tympanie; Magen-Darm-Erkrankungen; ungünstiges Stallklima (zu warm, zu wenig Frischluft)
Auftreibung des Rumpfes	Trommelsucht (Bauchdecken hart und gespannt); Magenüberladung (Bauchdecken weich, Bauch stark aufgetrieben); Kokzidiose
Augenveränderungen	Myxomatose (starke Schwellung der Lider, eitrige Bindehautentzündung); Pasteurellose (wäßriger bis schleimig-eitriger Ausfluß); Bindehautentzündung durch ät-

	zende oder toxische Substanzen; Treponematose; Kopfräude; Vitamin-A-Mangel
Blutarmut (Anämie)	starker Parasitenbefall; Eisen- und Mineralstoffmangel
Durchfall	akute Magen-Darm-Entzündung verschiedenster Ursachen wie Fütterungsfehler, Parasitenbefall (Kokzidiose, Darmwurmbefall), bakterielle Infektionen (Dysenterie, Pasteurellose, Salmonellose u. a.); Vergiftungen
Erregungszustände	Infektionen des Gehirns (Listeriose, Borna-Infektion, Encephalitozoon-Infektion); Vergiftungen, Hitzschlag
Fehlgeburt (Abort)	Infektionskrankheiten (Listeriose, Rodentiose u. a.); Unfall
Fruchtbarkeitsstörungen	Treponematose; Vitamin-A-Mangel; Vitamin-E-Mangel; Mineralstoffmangel
Gesäugeschwellung (auch Säugeunwilligkeit)	Milchstauung; Milchdrüsenentzündung (Staphylokokken-, Streptokokkeninfektion u. a.); Puerperalsepsis
Veränderungen an den Geschlechtsorganen	Treponematose (eitriger Ausfluß, geschwürige Knoten, Schorfbildung); Myxomatose (fest-weiche Schwellungen); Nekrobazillose (geschwürige Knoten); Wunden und Abszesse nach Verletzungen; Endometritis
Gleichgewichtsstörungen	traumatische Einwirkungen (Schlag, Sturz); Infektionen des Gehirns oder der Gleichgewichtsorgane wie Listeriose (Dreh- und Manegebewegungen), Borna-Infektion; Ohrenentzündungen (Pasteurellose, Streptokokkeninfektion, Ohrräude); Vergiftungen
Haut- und Fellschäden	Myxomatose (derbe Knoten an Kopf, Ohrgrund, Rükken und den Geschlechtsöffnungen); Staphylokokkeninfektion (eitrige, derbe Knoten oder flächige Schwellungen am Rumpf); Nekrobazillose (nässende Geschwüre an Kopf, Hals, Geschlechtsorganen und Sohlenflächen); Trichophytie (Haarausfall, Schuppenbildung, Hautentzündung); Räude (Borken- und Schuppenbildung, Verfilzung der Haare, Haarausfall); Antibiotika-Unverträglichkeit (Haarausfall); Hautentzündung verschiedener Ursachen (Streptokokken-, Pasteurelleninfektion u. a.); Verätzungen, Verletzungen; Biotinmangel; Mineralstoffmangel
Husten	Ansteckender Schnupfen; Lungenentzündung; Lungenwurmbefall; Reizung der Atemwege durch Luftverunreinigungen (Ammoniak, Rauch, Staub)
Juckreiz	Räude; Ektoparasitenbefall (Milben, Läuse u. a.) Trichophytie, Verätzungen
Kaubeschwerden	Gebißanomalien; Zahnfachentzündung; Erkrankung der Kiefer

Knochenveränderungen	Knochenbruch nach traumatischer Einwirkung; Rachitis (Auftreibungen im Bereich der Rippen, Verbiegung der Beinknochen); Aktinomykose (harte, beulenartige Auftreibungen im Kieferbereich)
Kopfschütteln	Ohrräude; traumatische Einwirkungen (Sturz, Schlag); Vergiftungen
Krämpfe	Infektionen des Gehirns (Listeriose, Borna-Infektion, Pasteurellose, Encephalitozoon-Infektion); Vergiftungen; Vitamin-B-Mangel
Kreislaufversagen	Vergiftungen; Wärmestauung; Trächtigkeitstoxämie
Lähmungen	traumatische Einwirkungen (Schlag auf Kopf oder Wirbelsäule); Infektionskrankheiten (Listeriose, Toxoplasmose, Encephalitozoon-Infektion); Vergiftungen; Schüttellähmung; Syringomyelie; Vitamin-B-Mangel; starker Bandwurmbefall
Lichtempfindlichkeit	Bindehautentzündung verschiedenster Ursachen; Myxomatose; Listeriose; Pasteurellose; Antibiotika-Unverträglichkeit
Lippenveränderungen	Myxomatose (Schwellung im gesamten Lippenbereich); Treponematose (Knötchen und Geschwüre, gleichzeitig typische Veränderungen an den Geschlechtsorganen); Nekrobazillose (Schwellung, Rötung, Geschwüre); Verätzungen (nässende Geschwüre); Verletzungen; Trichophytie (Schorfbildung, Blutungen); Kopfräude (Schuppen, Borken); Stomatitis vesiculosa (Bläschen)
Nasenausfluß (auch Niesen)	Ansteckender Schnupfen; Myxomatose; Vitamin-A-Mangel; RVHD (blutiger Schaum)
Ohrenveränderungen	Ohrräude (Ohrmuschel und äußerer Gehörgang mit trockenen oder klebrigen, z. T. borkigen oder scholligen, gelb-braunen Massen ausgefüllt); Myxomatose (knotenförmige Anschwellungen an Ohrgrund und Ohrmuschel); Treponematose (geschwürige Knoten, gleichzeitig typische Veränderungen an den Geschlechtsorganen); Verletzungen nach traumatischen Einwirkungen
Scheidenausfluß	Gebärmutterentzündung
Schiefhalten des Kopfes	traumatische Einwirkungen (Schlag, Sturz); Listeriose; Borna-Infektion; Mittelohrentzündung (Pasteurellose, Streptokokkeninfektion u. a.); Erbkrankheit
Speichelfluß	Nekrobazillose; Fremdkörper im Mundhöhlen-Rachenbereich; Gebißanomalien; Vergiftungen; Stomatitis vesiculosa

Unruhe	Brunsterregung; Vergiftungen; ungünstiges Stallklima; Hunger; RVHD
Verstopfung	chronische Magen-Darm-Erkrankungen der verschiedensten Ursachen wie Fütterungsfehler, Parasitenbefall (Darm- und Gallengangkokzidiose), bakterielle Infektionen; fieberhafte Allgemeininfektionen
Wassersucht	Leberegel- und Darmwurmbefall (Bauchwassersucht); Streptokokkeninfektion (Hautwassersucht)
Zittern	Borna-Infektion; Schüttellähmung; Encephalitozoon-Infektion; Vergiftungen; Wärmestauung

1.1.4 Behandlung:

Voraussetzung für eine erfolgreiche Behandlung ist die einwandfreie und möglichst frühzeitige Erkennung (Diagnose) einer Krankheit. Die Kenntnis der Krankheitsursache ist vor allem notwendig, um Behandlungsverfahren bzw. Medikamente auszuwählen, die zu ihrer Heilung am wirksamsten sind. Eine ziellose oder unzweckmäßige Behandlung verzögert den Heilungsprozeß, steigert bei ansteckenden Krankheiten das Infektionsrisiko sowie die Gefahr der Erregerverschleppung und verteuert durch den nutzlosen Einsatz von Medikamenten die Behandlung.

Die Möglichkeiten zur Behandlung von Krankheiten beim Kaninchen werden begrenzt durch die Art und Schwere der Erkrankung sowie durch den wirtschaftlichen Wert des Tieres und dessen Verwendungszweck (Zucht, Mast, Liebhaberei). Grundsätzlich sollte eine Behandlung nur vorgenommen werden, wenn die vollständige Heilung bzw. bei Zuchttieren die Erhaltung der Zuchtfähigkeit möglich erscheint.

Die Behandlung hat mit spezifisch wirksamen, gegen die Krankheitsursache gerichteten Mitteln zu erfolgen und darf sich nicht auf die Beseitigung der klinischen Symptome beschränken. Sofern eine ansteckende Krankheit vorliegt, sind nicht nur die klinisch kranken, sondern alle gefährdeten Tiere des Bestandes in die Behandlung einzubeziehen.

Der Kaninchenhalter wird sich in diesen Fragen von einem Tierarzt beraten lassen müssen und auf ihn nicht verzichten können, zumal viele Medikamente rezeptpflichtig und nur auf Verordnung eines Tierarztes durch ihn oder aus Apotheken zu beziehen sind. Dosierung, Art und Häufigkeit der Arzneimittelverabreichung sind unbedingt zu beachten. Über das Ergebnis der Heilbehandlung ist der Tierarzt zu informieren.

Mit Medikamenten behandelte Kaninchen dürfen meist erst einige Tage nach Absetzen der Präparate geschlachtet und als Lebensmittel verwendet werden.

Die Länge dieser sog. „Absetzfrist" ist für die einzelnen Medikamente unterschiedlich.

Arzneimittel können verabreicht werden

über das Wasser: Nur bei ungestörter Wasseraufnahme und bei voll wasserlöslichen Präparaten möglich. Während der Behandlung kein Naßfutter verabreichen!

über das Futter: Nur bei ungestörter Futteraufnahme möglich. Einmischen des Präparates in das Fertigfutter (Medizinalfutter) oder in kleine Futterrationen (Haferflocken, Kleie u. a.). Verabreichung nach mehrstündiger Hungerzeit, um eine rasche und vollständige Aufnahme des medikierten Futters sicherzustellen;

mittels Magenschlund-Sonde: Einzelbehandlung, auch bei gestörter Futter- und Wasseraufnahme möglich. Die Sonde (Gummi- oder Kunststoffschlauch) vorsichtig einführen, Sitz durch Einträufeln einiger Tropfen Wasser prüfen (bei Eingabe in die Luftröhre sind die Tiere unruhig und husten);

durch Injektion: In die Bauchhöhle (Kaninchen an den Hinterläufen hochhalten); unter die Haut im Schulterbereich; in die Muskulatur (Oberschenkel); evtl. in die Vene (Ohrrand).

1.2 Gesundheitskontrolle

Kaninchen bleiben gesund, wenn sie hygienisch einwandfrei gehalten, ausreichend gefüttert, sachgerecht gepflegt und vor übertragbaren Krankheiten geschützt werden. Um frühzeitig Hinweise auf krankhafte Zustände zu erhalten, sind sie regelmäßig einer Gesundheitskontrolle zu unterziehen.

a) Nestjunge:

Die Gesundheitskontrolle hat bei Nestjungen zu beginnen. Bald nach Beendigung des Geburtsvorganges sollte eine erste Nestkontrolle, zu der die Häsin aus dem Käfig genommen wird, damit man ungestört arbeiten kann, vorgenommen werden. Eventuell vorhandene Reste der Nachgeburt, tote und lebensschwache Junge sowie solche mit sichtbaren Mißbildungen sind zu entfernen. Die Wurfgröße ist der Zahl der Zitzen des Muttertieres anzupassen, um eine ausreichende Versorgung der Jungtiere (maximal 8–9 pro Wurf) sicherzustellen. Überzählige Jungtiere legt man einem Ammentier unter. Die Nestkontrolle ist täglich zu wiederholen, um Entwicklungsstörungen bei den Jungtieren frühzeitig erkennen zu können. Bei Bedarf ist die Nesteinstreu zu ergänzen oder zu erneuern (Temperatur im Nest: 35–37 °C!).

Gesunde, ausreichend ernährte Nestlinge liegen ruhig im Nest, haben eine glatte, rosige Haut und nehmen ständig zu. Kranke und unzureichend ernährte

Tiere sind unruhig, schlaff, haben eine faltige Haut und bleiben in der Entwicklung zurück.

b) Jungtiere und erwachsene Kaninchen:

Nicht nur Nestjunge, sondern auch Jungtiere und erwachsene Kaninchen müssen regelmäßig beobachtet werden.

Gesunde Tiere sind dem Alter entsprechend entwickelt, munter und aufmerksam. Kranke Kaninchen sind teilnahmslos, sitzen mit gesenktem Kopf in einer Ecke und lassen sich meist ohne Widerstand anfassen und hochheben. Bei gestörtem Appetit magern sie rasch ab, ihr Fell ist glanzlos.

c) Neuerworbene Kaninchen:

Erreger ansteckender Krankheiten (Infektionskrankheiten) werden häufig durch infizierte Tiere aus fremden Beständen eingeschleppt.

Die Keimträger müssen nicht unbedingt klinisch krank sein. Befinden sie sich in einer frühen Infektionsphase (Inkubationszeit), so sind Krankheitserscheinungen noch nicht erkennbar.

Neuerworbene und von Ausstellungen zurückgekehrte Kaninchen sollten deshalb mindestens vier Wochen lang in einem Quarantänestall gehalten, sorgfältig beobachtet und einer mehrmaligen Gesundheitskontrolle unterzogen werden, bevor man sie in den Bestand eingliedert. Die Betreuung dieser Kaninchen sollte durch eine Person erfolgen, die mit den übrigen Tieren nicht in Berührung kommt, um eine Übertragung von Krankheitskeimen zu vermeiden. Ist dies nicht möglich, sind die abgesonderten Tiere stets zum Schluß zu versorgen.

Bei der Gesundheitskontrolle sollte auf folgende Punkte geachtet werden:

I. Allgemeinbefinden

Hinweise auf Störungen des Allgemeinbefindens geben:

- verminderte Lebhaftigkeit (Mattigkeit, gesenkte Kopfhaltung, hängende Ohren, Desinteresse an der Umwelt)
- unregelmäßige Futteraufnahme (Appetitlosigkeit, Futterverweigerung)
- stumpfes Fell mit abstehenden Oberhaaren
- Atembeschwerden (erhöhte Atemfrequenz, Stoßatmung mit verstärkter Bauchdeckenatmung)
- Schmerzäußerungen (Zähneknirschen, Aufschreien)
- erhöhte Erregbarkeit.

II. Ernährungszustand

III. Zustand einzelner Körper- und Organteile

1. *Kopf*

   a) Augen und Bindehäute:
   Die Augen sollen klar und glänzend sein, die Pupille muß auf unterschiedlichen Lichteinfall reagieren. Zu achten ist auf Augenausfluß, Rötung und Schwellung der Bindehäute, Verklebung der Lider, Hornhautveränderungen.

   b) Nase:
   zu achten ist auf Ausfluß, Schwellungen, Niesen.

   c) Ohren:
   zu achten ist auf Haltung, Verletzungen, Schwellungen, Knotenbildung, Schuppen- und Borkenbildung in den Ohrmuscheln.

   d) Mundhöhle:
   zu achten ist auf Speichelfluß, Verletzungen, Schwellungen der Lippen, Stellung und Wachstum der Zähne, Mundgeruch.

2. *Haut und Haarkleid*
   Das Fell soll sauber und glänzend sein, die Haare müssen glatt anliegen. Zu achten ist auf Verschmutzungen (besonders an Bauch und Aftergegend), Haarausfall, Schuppen- und Borkenbildung, Schwellungen, Knotenbildung, Verletzungen, Juckreiz, Parasitenbefall.

3. *Atmungsorgane*
   Zu achten ist auf Atemrhythmus und -nebengeräusche (Schniefen, Röcheln, Husten, Niesen).

4. *Verdauungsorgane*
   Zu achten ist auf Kotbeschaffenheit, Kotbeimengungen (Blut, Schleim, unverdaute Futterbestandteile, parasitäre Gebilde), Aufblähung.
   Der Kot soll zu Kügelchen geformt sein, nicht aneinander haftend, in frischem Zustand leicht glänzend. Bei *Durchfall* ist er breiig oder dünnflüssig, mit Schleim oder Blut durchsetzt; bei *Verstopfung* ist er in frischem Zustand sehr fest, trocken und spröde.

5. *Geschlechtsorgane*
   Zu achten ist auf Ausfluß, Rötung und Schwellung der Schleimhäute, Knötchenbildung, Verletzungen.

6. *Gliedmaßen und Wirbelsäule (Knochen und Gelenke)*
   Zu achten ist auf Stellung, Beweglichkeit, Auftreibungen, Verletzungen.

Vorsicht bei der Untersuchung von trächtigen Häsinnen! Unsachgemäßes Abtasten des Bauches kann Anlaß zum Verwerfen sein.

Während der Quarantänezeit sollte eine Kotprobe auf parasitäre Gebilde (Wurmeier, Kokzidienoozysten) und pathogene Darmbakterien (E. coli, Clostridien) sowie ein Nasenabstrich auf potentielle Schnupfenerreger (Pasteurellen, Bordetellen) untersucht werden. Liegen keine Verdachtsmomente für eine Erkrankung vor, können die Tiere in den eigenen Bestand übernommen werden.

1.3 Desinfektion

Eine erfolgreiche Kaninchenzucht und -haltung ist nur möglich, wenn bestimmte hygienische Maßnahmen gewissenhaft durchgeführt werden. Eine dieser Maßnahmen ist die Desinfektion, deren Sinn die gezielte, aber für Mensch, Tier und Material unschädliche Vernichtung von Krankheitserregern in der Umgebung von empfänglichen Tieren ist. Sie trägt zur Verringerung des Infektionsrisikos durch Beseitigung von Infektionsquellen und Unterbrechung von Infektionsketten bei. Als „vorbeugende Desinfektion" (in regelmäßigen Zeitabständen durchzuführen und besonders in größeren Beständen unentbehrlich) dient sie der Verminderung der Keimzahlen im Stall, als „spezielle Desinfektion" soll sie im Anschluß an Infektionskrankheiten die Erreger beseitigen.

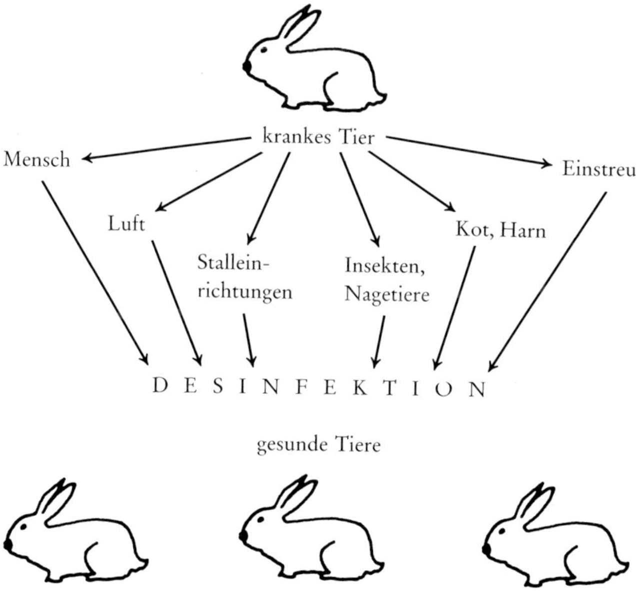

Jede ordnungsmäßig durchgeführte Desinfektion umfaßt zwei Abschnitte:
1. die Reinigung
2. das Ausbringen des Desinfektionsmittels.

1. Reinigung:

Da Krankheitserreger meist in Kot, Einstreu und Staub eingeschlossen sind, ist die gründliche *mechanische Reinigung* Voraussetzung für eine wirksame Desinfektion. Der für die Reinigung erforderliche Aufwand an Zeit und Arbeitskraft wird durch den Verschmutzungsgrad im Stall bestimmt und kann größer sein als für das Ausbringen des Desinfektionsmittels selbst. Die Sorgfalt, mit der die Reinigungsarbeiten erledigt werden, entscheidet jedoch in hohem Maße über den Erfolg der Desinfektion.

Die Reinigungsarbeiten beginnen mit der Entfernung von Kot, Einstreu und Futterresten. Danach wird der Stall „besenrein" gemacht, d.h. Decke, Wände, Balken und Mauervorsprünge werden abgefegt, grober Schmutz wird abgekratzt. Im Anschluß daran werden Decke, Wände, Stallboden, Käfige und alle Gerätschaften mit viel Wasser (möglichst heiß, eventuell Zusatz von schmutzlösenden Mitteln, z.B. Soda o.a.) gereinigt, wobei Ritzen, Spalten und Löcher besonders zu bearbeiten sind. In größeren Betrieben wird sich der Einsatz eines Hochdruckreinigers oder eines Dampfstrahlgerätes, in dem gespannter Dampf (Temperatur bis zu 180 °C) erzeugt wird, zur Naßreinigung empfehlen, obwohl durch Reinigung von Hand mit der Bürste meist eine stärkere Keimreduzierung erreicht werden kann, besonders bei festsitzenden Schmutzkrusten. Beim Einsatz von Hochdruckreinigern mit üblichem Arbeitsdruck von 100 bis 120 bar ist die richtige Düsenwahl und Laugenführung (Abstand zum Reinigungsobjekt 10–30 cm) für den Reinigungserfolg entscheidend. Je nach Verschmutzungsgrad und Empfindlichkeit des Reinigungsobjektes werden verschiedene Düsen eingesetzt:
- Rundstrahldüse für hartnäckige Verschmutzung und unempfindliche Reinigungsobjekte,
- 15-Grad-Flachstrahldüse für mittelstarke Verschmutzung,
- 25-Grad-Flachstrahldüse für normale Verschmutzung,
- 40-Grad-Flachstrahldüse für empfindliche Reinigungsobjekte bzw. zum Versprühen von Desinfektionsmitteln,
- 50- oder 65-Grad-Flachstrahldüse nur zum Versprühen von Reinigungs- und Desinfektionsmitteln.

2. Desinfektionsmittelanwendung:

Vor dem Ausbringen des Desinfektionsmittels müssen die naß gereinigten Flächen abgetrocknet sein, da sonst eine Verdünnung des Mittels durch noch verbliebene Feuchtigkeit eintritt. Wurden für die Naßreinigung Waschmittel verwendet, so ist vor dem Desinfizieren ein Nachspülen mit reinem Wasser notwendig, da Desinfektionsmittel durch Waschmittel inaktiviert oder in ihrer Wirkung stark beeinträchtigt werden können. An kalten Tagen sollte der Stall auf ca. 20 °C aufgeheizt werden (Desinfektionsmittel wirken bei höheren Temperaturen schneller).

Ein universell anwendbares Desinfektionsmittel, das gegen alle als Krankheitserreger möglichen Bakterien, Viren, Pilze und Parasiten wirksam ist, gibt es nicht. Es ist deshalb notwendig, von Fall zu Fall ein Präparat zu wählen, das den jeweiligen Anforderungen entspricht. Bei der Auswahl des anzuwendenden Mittels sind Wirksamkeit, Konzentration, Temperatur, Einwirkungsdauer sowie Beschaffenheit des zu entseuchenden Materials zu berücksichtigen. Um dem Tierhalter die Auswahl geeigneter Produkte zu erleichtern, veröffentlicht die Deutsche Veterinärmedizinische Gesellschaft (DVG) eine „Liste der nach den Richtlinien der DVG geprüften und als wirksam befundenen Desinfektionsmittel“. Diese enthält Angaben über deren Wirkungsbereich, die notwendigen Anwendungskonzentrationen und Mindesteinwirkungszeiten.

Stalldesinfektionsmittel, welche die Wirksamkeitsprüfung der DVG bestanden haben, werden auf Antrag der Produzenten von der Deutschen Landwirtschafts-Gesellschaft (DLG) in einer Anwendungsprüfung auf weitere Kriterien wie Benetzungsfähigkeit auf Stallflächen, Verhalten gegenüber den wichtigsten Materialien für Stallbau und -einrichtungen, Ausbringungseigenschaften mit Hochdruckgeräten und direkte Schadwirkung auf Mensch und Tier geprüft. Mittel, welche die Wirksamkeitsprüfung der DVG und die Anwendungsprüfung der DLG erfolgreich bestanden haben, werden mit dem DLG-Gütezeichen für Stalldesinfektionsmittel ausgezeichnet. Damit erhält der Tierhalter direkte Informationen über den Anwendungsbereich der Mittel und die Gewähr für die notwendige Sicherheit beim Einsatz.

Tabelle 1 (Seite 16/17) gibt einen Überblick über gebräuchliche Desinfektionsmittel und deren Anwendungsmöglichkeiten. Beim Anmischen der gebrauchsfertigen Lösung sind die auf den Verpackungen aufgedruckten Angaben der Herstellerfirmen zu beachten.

Die Menge der erforderlichen Lösung richtet sich nach der Größe der zu desinfizierenden Fläche. Je nach Oberflächenbeschaffenheit des Materials reicht ein Liter der gebrauchsfertigen Lösung für 3–5 m^2 Stallfläche. Bei rauhem, porösem oder saugfähigem Material (Holz, Gips- und Dämmplatten, Ziegel, Wandputz) wird je Quadratmeter Fläche mehr Desinfektionslösung benötigt als für glatte Flächen (Ölanstriche, Metalle, Glas, glasierte Wandkacheln).

Das Ausbringen der Lösung erfolgt zweckmäßig mittels einer Druckspritze (z.B. Obstbaumspritze oder Hochdruckreinigungsgerät mit Niederdruckbetrieb und Spezialdüse, die bei einem Wasserdurchsatz von 1 bis 1,5 Liter je Minute einen Strahl bis zu 2,5 Metern Reichweite zuläßt). Bei zu hohem Druck ist eine ausreichende Benetzungshaftung nicht mehr gewährleistet.

Beim Arbeiten mit Desinfektionsmitteln und Kontaktinsektiziden (Chemikalien zur Vernichtung von Insekten, wie Fliegen, Mücken u.a.) sind zum

Anleitung zur Herstellung gebrauchsfertiger Desinfektionsmittellösungen
(Als Lösungsmittel Wasser ohne Zusatz von Reinigungsmitteln verwenden!)

vorgeschriebene Konzentration in %	Menge des unverdünnten Präparates (g oder ml) bei Herstellung von			
	5 l	10 l	50 l	100 l
	Gebrauchslösung			
0,1	5	10	50	100
0,5	25	50	250	500
1,0	50	100	500	1 000
2,0	100	200	1 000	2 000
3,0	150	300	1 500	3 000
5,0	250	500	2 500	5 000
6,0	300	600	3 000	6 000

Schutz vor Verätzungen, Verbrennungen, Vergiftungen und anderen Schäden gewisse Vorsichtsmaßnahmen zu treffen. Sofern die Mittel Haut, Schleimhäute, Augen oder Kleidung angreifen, ist entsprechende Schutzkleidung (Gummistiefel, -schürze, -handschuhe, Schutzbrille, Atemmaske oder notfalls als Atemschutz ein vor Mund und Nase gebundenes, feuchtes Tuch) erforderlich. Anwendungsvorschriften der Herstellerfirmen sind unbedingt zu befolgen.

Vorsichtsmaßnahmen beim Umgang mit Desinfektionsmitteln und Kontaktinsektiziden:

- Präparate nicht zusammen mit Lebens- und Futtermitteln lagern und vor Zugriff durch Unbefugte, insbesondere durch Kinder, schützen!
- Vor Anwendung Kaninchen sowie Futtertröge und Tränken aus dem Stall entfernen!
- Während des Arbeitens weder essen, trinken noch rauchen; Zuschauer nicht dulden!
- Beim Ausspritzen für ausreichend Frischluft sorgen; verstopfte Düsen nicht mit dem Mund ausblasen!
- Hände und andere Körperteile möglichst nicht benetzen!
- Nach der Desinfektion alle benutzten Geräte sowie die Schutzkleidung mit heißem Wasser reinigen und ausgiebig nachspülen; Hände sorgfältig waschen!
- Nicht verbrauchte Lösungen und leere Packungen unschädlich beseitigen!

Hitzeentkeimung:

Das radikalste Mittel zur Vernichtung von Krankheitserregern ist Feuer. Es wird in Form von Ausglühen, Abflämmen bzw. Ansengen (Lötlampe, Propangasbrenner) oder Verbrennen angewendet, ist wegen der großen Brandgefahr jedoch nicht generell zu empfehlen.

Gegenstände aus Steingut, Porzellan oder Metall können durch Auskochen in Wasser oder 3%iger Sodalösung desinzifiert werden (Gegenstände müssen ganz von der Flüssigkeit bedeckt sein, Kochzeit 1/2 Stunde).

Desinfektion von Tränkeanlagen:

Zur Unterbindung der Ansiedlung von Bakterien, Algen und Pilzen in Vorlaufbehältern und Rohrsystemen von automatischen Tränkeanlagen eignen sich quaternäre Ammoniumverbindungen und Jodophore, die in regelmäßigen Abständen von einigen Wochen dem Wasser zugesetzt werden.

Desinfektionsmatte/-wanne:

Ein gefährlicher Seuchenüberträger ist der Mensch (Krankheitskeime haften an den Schuhen und an der Kleidung). Vor allen Eingängen des Stalles sollte deshalb eine gegen Regen geschützte Desinfektionsmatte oder besser eine Desinfektionswanne (flache Blechwanne mit Schaumgummieinlage oder dichter Kokosmatte) angebracht werden. Die Matte muß so breit sein, daß sie nicht umgangen werden kann. Sie ist mit täglich frisch bereiteter Desinfektionslösung gleichmäßig zu beschicken (Gießkanne!).

Händedesinfektion:

Reinigung und Desinfektion der Hände nach Umgang, besonders mit kranken Kaninchen, zur Vermeidung der Verschleppung von Krankheitserregern. Gründliches Waschen der Hände und Unterarme mit Seife und warmem Wasser, Desinfektion mit geeigneten Händedesinfektionsmitteln (Präparate auf Alkohol- oder Phenolbasis).

Desinfektion von Dünger:

Dünger und Einstreu aus Seuchenbeständen muß ordnungsgemäß gepackt werden, um eine Selbsterhitzung auf 50–70 °C zu erreichen. Die entkeimende Wirkung kann durch Zugabe von gebranntem Kalk (3 kg/m^3) unterstützt werden. Nach erfolgter Kompostierung (Lagerungszeit mindestens 2 Monate) kann der Dung im landwirtschaftlich-gärtnerischen Bereich verwendet werden.

In Großbeständen anfallender Dung ist zu verbrennen oder in Silos unter Zusatz von Desinfektionsmitteln zu packen (s. Abb. S. 18).

Tabelle 1: Desinfektionsmittel

Stoffgruppe	Wirkstoff	Handelsname	Anwendungs-konzentration[1] Einwirkungszeit[2]	Vorteile	Nachteile	Wirkungs-spektrum
Aldehyde	Formaldehyd (Formalin = 35–40 % Formaldehyd)	Aldekol-Des-03*, ANTI-BAG*, BERGODES plus*, CALGONIT sterizid 1*, Chevi 45 N*, D 39 Farm Des*, Delegol A 100*, JEME-OSEPT D*, JEME-ODES B1*, Camper Desinfektionsmittel forteT*, Dessau DES*, ibafu superT*, Kohrsolin Th*, Lysovet V1*, Menno-Veterinär B*, Multi-sept*, NOA-CID*, Nüscovet forte*, Ovipharm*, P3-incidin 01*, Rectosept N*, Rodasept*, TAD CID*, VENNO-FF super*	1–3 % / 2–4 Stunden	nicht korrosiv gegen Kunststoffe und Metalle	geringe Tiefenwirkung, Wirkungsverlust durch Schmutz	Bakterien, Pilze, Viren
	Aldehyd plus Phenol oder Alkohol	Club-TGV 3–2*, Lysovet PA*, Orbivet*	1–3 % / 1–3 Stunden	„	„	Bakterien, Pilze, Viren
	Aldehyd plus kationische Tenside	Aldehyd-Flächendesinfektion*, Almaseptica Desinfektion F 21*, HAKA FD N-Flächendesinfektion*, Josera-Desin 1–3*	1–3 % / 2–4 Stunden	„	„	Bakterien, Pilze, Viren
	Aldehyd plus Quaternäre Ammoniumverbindungen	Aldekol-Des-02*, Circosept*, Desmol 78/6*, FOGNET*, JEME-OSEPT C*, neoseptal STD*, Micro-Cert*, P 3 Incidin 03*, Tegodor 73*, TEGO vet*	1–3 % / 1–4 Stunden	nicht oder wenig korrosiv, geruch- und geschmacklos	Wirkungsverlust durch Schmutz	Bakterien, Pilze, Viren

Stoffgruppe	Wirkstoff	Handelsname	Anwendungs-konzentration[1] Einwirkungszeit[2]	Vorteile	Nachteile	Wirkungs-spektrum
Alkalien	Natronlauge, Kalilauge	Natroletten Ätznatron	1–6 %	gute Tiefenwirkung, geringer Wirkungsverlust durch Schmutz	korrosiv gegen Kunststoffe und Metalle	Bakterien (auf Sporen nur 6 %ig wirksam), nicht auf alle Viren
Halogene	Chlor Hypochlorite Chloramine	Caporit Chloramin HALAMID* Rohmultisept	1–2 % / 2–6 Stunden	breites Wirkungs-spektrum	ätzend, sehr korrosiv, Wirkungs-verlust durch Schmutz	Bakterien, Pilze, Viren
Phenole und Phenolderivate	Phenol	Vesphene D-39*	2 % / 2 Stunden	gute Tiefenwirkung, wenig korrosiv	gegen Viren kaum wirksam	Bakterien
Perchlor-äthylen	Perchlor-äthylen plus Phenol oder Alkohol	JEME-OKOK 3*	5 % / 2½ Stunden		giftig	Kokzidien-oozysten und Wurmeier
Schwefel-kohlenstoff	Schwefelkoh-lenstoff plus Phenolderivate	JEME-OKOK 5* Lomasept 20*	5 % / 2 Stunden		giftig, brennbar, korrosiv gegen Kunststoff	Kokzidien-oozysten und Wurmeier

*= aufgenommen in die Liste der nach den Richtlinien der DVG geprüften und für die Tierhaltung als wirksam befundenen Desinfektionsmittel (Stand 1. 7. 1993)

[1]= niedrige Konzentration bei „vorbeugender Desinfektion“:
Hygienische Maßnahme zur allgemeinen Keimverminderung bei belegtem und unbelegtem Stall, z. B. in Hygieneprogrammen;

höhere Konzentration bei „spezieller Desinfektion“:
Gezielte Maßnahme gegen bestimmte Krankheitserreger (in der Regel im nicht belegten Stall, auf Flächen und Geräten ohne gleichzeitigen Tierkontakt)

[2]= Konzentration und Einwirkungszeit beziehen sich auf Raumtemperatur (20 °C); bei 12 °C ist die doppelte, bei 4 °ÓC die 5fache Einwirkungszeit notwendig

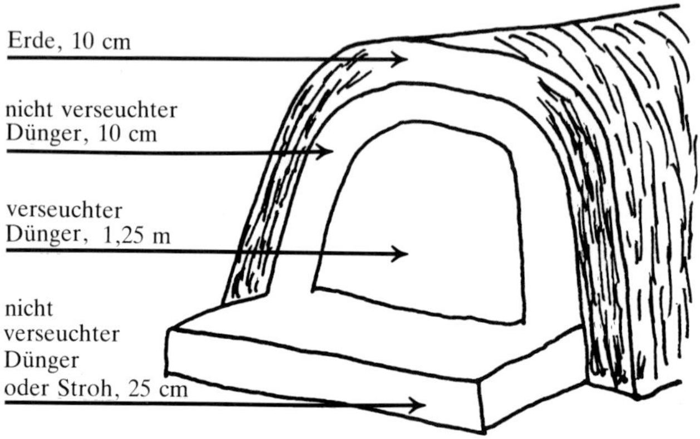

1.4 Einsendung von Untersuchungsmaterial

Die richtige und frühzeitig gestellte Diagnose (Krankheitserkennung) ist Voraussetzung für die gezielte und erfolgreiche Bekämpfung einer Krankheit und besonders beim Vorliegen eines seuchenhaften Geschehens zur Einleitung prophylaktischer, d.h. krankheitsvorbeugender Maßnahmen entscheidend.

Aus den vorliegenden Krankheitszeichen am lebenden Tier können Art und Ursache einer Krankheit nur selten abgeleitet werden. Meist ist eine pathologisch-anatomische Untersuchung nach Eröffnung des Tierkörpers (Sektion) notwendig, die zur Sicherstellung der Diagnose durch eine histologische, bakteriologische oder parasitologische Untersuchung ergänzt werden muß.

Bei allen dem Kaninchenhalter unklaren Todes- bzw. Krankheitsfällen sollte ein Tierarzt zu Rate gezogen oder Material an ein Veterinäruntersuchungsamt oder an ein anderes Fachinstitut zur Diagnosestellung eingesandt werden. Die sich dadurch ergebenden Kosten sind in der Regel weitaus geringer als der durch versäumte oder unzweckmäßige Behandlung u.U. entstehende Verlust.

Die Diagnosestellung kann erheblich erleichtert und beschleunigt werden, wenn vom Kaninchenhalter in einem Begleitschreiben bestimmte Hinweise auf Krankheitsgeschehen und -verlauf gemacht werden. Das Begleitschreiben (gegen Durchfeuchtung und Verunreinigung schützen!) sollte Auskunft geben über:

- Name und Anschrift des Einsenders, evtl. Telefonnummer,
- Rasse, Geschlecht, Alter des Tieres, Größe des Bestandes,
- Zahl der erkrankten oder (und) verendeten Tiere,
- beobachtete Krankheitserscheinungen, Krankheitsverlauf und -dauer,
- Haltung und Fütterung,
- bisherige Untersuchungen und Behandlungen.

Zur Diagnosestellung sind *grundsätzlich* ganze, d.h. uneröffnete Kadaver einzusenden (bei gehäuften Todesfällen 2–3 Tiere!). Bei geschlachteten Kaninchen sind dem Tierkörper Leber mit Gallenblase, Milz, Nieren, Lunge, Herz und der Magen-Darm-Kanal beizulegen (Organe nicht anschneiden, Darm abbinden!). Einzelne Organe einzusenden ist wenig sinnvoll, da aus ihrer Untersuchung nur in wenigen Fällen Rückschlüsse auf die vorliegende Krankheit gezogen werden können.

Tierisches Material erst nach dem Abkühlen verpacken!

Kotproben (10–15 Kotkugeln) für parasitologische Untersuchungen sollen frisch und frei von Verunreinigungen sein. Sie werden durch Absetzenlassen auf sauberem Untergrund gewonnen.

Hautgeschabsel zur Untersuchung auf Milben und Pilzbefall mit Messer oder scharfem Löffel an den Randbezirken der Veränderungen entnehmen (bis zum leichten Bluten der Haut schaben!).

Nasentupferproben mit sterilem Wattestäbchen (z.B. Q-tip) entnehmen (weit in die Nasenhöhlen eingehen, Verletzungen vermeiden, das Tier eventuell durch kurzes Zudrücken der Nasenlöcher zum Niesen reizen!).

Untersuchungsmaterial möglichst selbst überbringen, sonst bei Postversand als *Eilsendung*, bei Bahnversand als *Expreßgut* aufgeben (im Sommer und bei leicht verderblichem Material unbedingt notwendig!).

Als Verpackungsmaterial sollte gewählt werden für
Tierkörper: wasserdichte Plastikbeutel oder Pergamentpapier, notfalls mehrere Lagen Papier. Keine luftdicht verschlossenen Dosen verwenden, da sonst die Anaerobier-Fäulnis begünstigt wird.
Organe: Gläser mit Schraubdeckel (vor Bruch sichern!) oder Plastikbeutel.
Kotproben, Nasentupfer, Hautgeschabsel: gut verschlossene Glas- oder Kunststoffgefäße.

Das so verpackte Untersuchungsmaterial in saugfähigen Stoffen (Holzwolle, Heu, Sägespäne u.a.) eingebettet in festem Pappkarton oder in einer Holzkiste verschicken.

Die Sendung muß den Vermerk „Infektiöses Untersuchungsgut“ tragen. (Tierärztliche Untersuchungsstellen siehe S. 123).

Transport lebender Kaninchen:

Für den Transport von Kaninchen sind möglichst Käfige oder Kästen zu nehmen, die einen herausnehmbaren Einsatz aus Aluminiumblech oder Kunststoff besitzen. Dieser läßt sich gut reinigen und desinfizieren und verhindert, daß Einstreu und Kot durch übereinandergestellte Behälter fallen.

1.5 Unschädliche Beseitigung verendeter und getöteter Kaninchen

Die seuchenhygienisch beste Methode ist das Verbrennen der Kadaver. Ist dies nicht möglich, sollten die Tiere vergraben werden. Die hierfür ausgehobene Grube muß so tief sein, daß die Kadaver von mindestens 60 cm Erde bedeckt werden. Vor dem Zuschütten der Grube sind die Tierkörper mit Ätzkalk oder Chlorkalk zu bestreuen.

Verendete Tiere niemals einfach auf den Dunghaufen werfen, in diesem vergraben oder nur oberflächlich eingraben, da sie sonst von Schadnagern, Hunden oder anderen Tieren ausgegraben und angefressen werden können, wodurch die Verschleppung von Krankheitserregern gefördert wird.

II. Spezieller Teil

2. Infektionskrankheiten

2.1 Durch Bakterien verursachte Krankheiten

2.1 Pasteurellose

Pasteurelleninfektionen werden in Kaninchenbeständen häufig angetroffen und sind wegen ihres oft seuchenhaften Auftretens sehr gefürchtet. Sie nehmen meist einen chronischen Verlauf, können aber auch unter dem Bild einer akuten septikämischen Allgemeinerkrankung innerhalb kurzer Zeit zum Tode führen und hohe Verluste fordern.

Die Ansteckung erfolgt durch Einatmen der Krankheitserreger, die an Staubpartikeln oder an von infizierten Tieren durch Niesen ausgeschiedenen Sekrettröpfchen haften, seltener durch Eindringen der Keime in Hautwunden oder über die Bindehäute. Eingeatmete Pasteurellen bleiben in der Nasenhöhle hängen oder breiten sich von da aus direkt oder über das Blut in andere Organe aus.

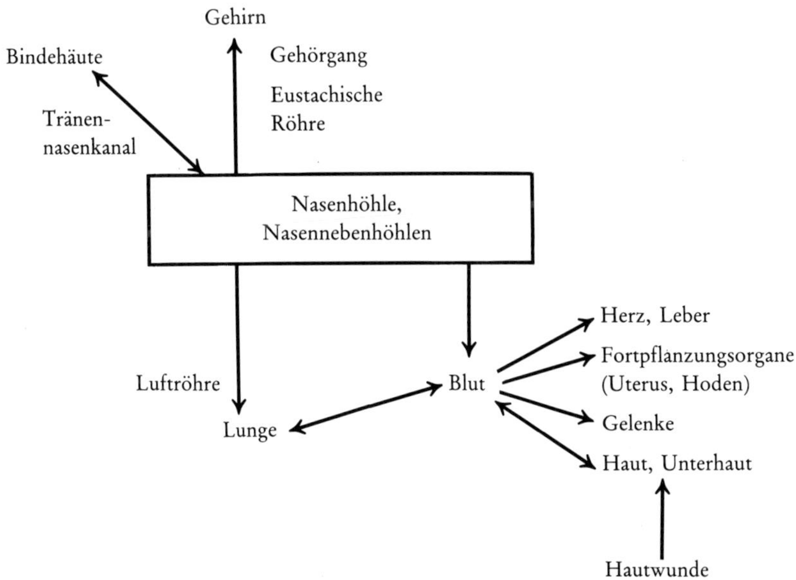

Ausbreitungsmöglichkeiten für Pasteurellen im Kaninchen.

Abhängig vom Sitz der Erreger im Organismus, ihrer Virulenz und anderen Faktoren, entwickeln sich unterschiedliche Krankheitsbilder und Verlaufsformen.

Die in Kaninchenbeständen am häufigsten zu beobachtende Erscheinungsform einer Pasteurelleninfektion ist die mit „Ansteckender Schnupfen" bezeichnete Erkrankung der oberen Atemwege (Nasen-, Nasennebenhöhlen).

Aus der Besiedlung der Nasenhöhle mit Pasteurellen ergibt sich eine klinische Erkrankung in der Regel allerdings nur, wenn der infizierte Organismus unter der Wirkung krankheitsfördernder Faktoren in seiner Abwehrkraft geschwächt ist. Krankheitsbegünstigend wirken alle Einflüsse, die zu einer Reizung der Nasenschleimhaut mit verstärkter Schleimabsonderung führen, z. B. ungünstige klimatische Bedingungen (feucht-kalte Witterung), Zugluft, hoher Ammoniak- und Feuchtegehalt der Stalluft, Staub.

Ansteckender Schnupfen. Mit Nasensekret verklebte Kopfpartie.

Neben Pasteurellen werden auch andere Bakterien (z. B. Bordetella bronchiseptica, Staphylococcus aureus) als Erreger des „Ansteckenden Schnupfens“ angesehen, doch spielen sie nach dem derzeitigen Kenntnisstand eine untergeordnete Rolle.
Ursache: Pasteurella multocida (sporenlose, gramnegative, coccoide Bakterien). Inkubationszeit: 1–14 Tage.

Krankheitszeichen:

a) Ansteckender Schnupfen

Charakteristisch ist der zunächst wäßrige, später schleimig-eitrige Nasenausfluß. Die Nasenöffnungen sind verklebt oder verkrustet. Die Tiere reiben sich häufig die Nase. Es stellen sich Niesen, Schniefen, Röcheln und Husten ein. In akuten Fällen verstärken sich die Atembeschwerden rasch. Der Tod tritt nach 2–8tägiger Krankheitsdauer ein. Bei chronischem Krankheitsverlauf können sich die klinischen Erscheinungen (Niesen, Nasenausfluß) vorübergehend abschwächen, gelegentlich auch ganz verschwinden, um nach einiger Zeit erneut erkennbar zu werden. Die Tiere zeigen Freßunlust, Mattigkeit, magern ab und gehen nach längerer Krankheitsdauer an allgemeiner Entkräftung ein.

Bei der Sektion findet man in den Nasen- und Nasennebenhöhlen je nach Krankheitsstadium akute oder chronische Entzündungsprozesse (Rötung und Schwellung der Schleimhaut, wäßrige oder eitrige Sekretmassen).

b) Enzootische Pneumonie

Bei raschem Krankheitsverlauf (Tod nach 12–24 Stunden) wenig ausgeprägt, sonst zunehmende Atembeschwerden nach anfänglich schnupfenähnlichen Erscheinungen (Niesen, Nasenausfluß). Krankheitsdauer 2–10 Tage. Schnelle Ausbreitung im Bestand.

Bei der Sektion findet man eine ein- oder beidseitige eitrig-fibrinöse Brustfell-Lungenentzündung (Pleuro-Pneumonie).

c) Sonstige Erscheinungsformen einer Pasteurelleninfektion

erkrankte Organe	klinisches Bild	Krankheits-verlauf	Behandlung
Septikämie	plötzlicher Tod ohne klinische Krankheitserscheinungen	perakut	entfällt
Gehörgang, Hirnhäute	Schiefhalten des Kopfes, Gleichgewichtsstörungen	chronisch/ akut	zwecklos
Auge/ Bindehäute	Schwellung und Rötung der Lider, schleimig-eitriger Augenausfluß, Verklebung der Haare unter den Augen, Krustenbildung, Anschwellungen im Kopfbereich (Phlegmone)	akut/ chronisch	evtl. antibiotische Augensalbe; keine Waschung mit Kamillenaufgüssen!
Uterus, Hoden, Nebenhoden	*Häsin:* wäßriger oder schleimig-eitriger Scheidenausfluß, Unfruchtbarkeit *Rammler:* Hodenschwellung, Unfruchtbarkeit	chronisch	zwecklos, Tiere von der Nachzucht ausschließen
Haut/ Unterhaut	erbsen- bis faustgroße Abszesse (Eiteransammlungen) in der Haut und Unterhaut, besonders im Halsbereich	chronisch	nicht sinnvoll, einzelne Abszesse können evtl. gespalten und antibiotisch versorgt werden
Gelenke	Schwellung, Bewegungsstörungen	chronisch	zwecklos

Bei chronisch verlaufenden Pasteurelleninfektionen werden häufig mehrere der angeführten Erscheinungsformen gleichzeitig angetroffen.
Krankheitsfeststellung: Klinisches Bild und Sektionsbefund unter Ausschluß ähnlicher, aber auf andere Ursachen zurückgehende Erkrankungen (Myxomatose, Lungenentzündung, Listeriose, RVHD, Vitamin-A-Mangel u.a.). Sicherung der Diagnose durch den Erregernachweis (Labor).

Vorbeugung und Bekämpfung:

a) Vorbeugende Maßnahmen

Neuzugänge und von Ausstellungen zurückkommende Kaninchen mindestens 4 Wochen lang in Quarantäne halten. Zukauf von Tieren nur aus nichtinfizierten

Pasteurellose. Schiefhalten des Kopfes bei Erkrankung des Mittelohrs bzw. Gehirns.

Beständen. Widerstandskraft der Tiere durch gehaltvolle, vitaminreiche Fütterung stärken. Anforderungen an eine hygienische Tierhaltung beachten.

Die *Schutzimpfung* als prophylaktische Maßnahme zur Bekämpfung der Pasteurellose, speziell ihrer Erscheinungsform „Schnupfen", ist wiederholt versucht worden, hat aber bisher keine ermutigenden Ergebnisse gebracht. Durch Impfung läßt sich die Schwere der klinischen Erkrankung mildern und die Zahl der infektionsbedingten Todesfälle reduzieren; vakzinierte Kaninchen können aber Keimträger und Keimausscheider sein und somit eine Ansteckungsgefahr für andere Tiere bedeuten. Für eine Bestandssanierung eignet sich die Impfung nicht. Sie kann in Mastkaninchenbeständen zum Schutz der Jungtiere eingesetzt werden. Pasteurellenvakzinen sind derzeit im Handel nicht erhältlich; sie müßten bei Bedarf von einem entsprechenden Labor hergestellt werden.

Eine *vorbeugende Behandlung* mit Medikamenten (Antibiotika) ist nicht sinnvoll und kann auch nicht empfohlen werden, wenn Kaninchen zu Ausstellungen geschickt werden sollen. Der mit den zur Verfügung stehenden Präparaten erzielbare Wirkstoffspiegel reicht nicht aus, um eine Ansteckung während der meist mehrere Tage dauernden Ausstellung zu verhindern.

Die derzeit wirkungsvollste Methode zur Krankheitsprophylaxe ist die Schaffung von *pasteurellenfreien Zuchtbeständen* mit regelmäßiger Kontrolle ihres Keimstatus und Verringerung des Infektionsrisikos durch aufzucht- und stallhygienische Maßnahmen bei gleichzeitiger Ausschaltung der krankheitsbegünstigenden Faktoren. Möglichkeiten zum Aufbau solcher Bestände sind auf Seite 27 skizziert.

Ausgegangen wird von einem infizierten Bestand, aus dem zunächst die klinisch sichtbar kranken Tiere entfernt werden. Durch mehrmalige Untersuchung von Nasenabstrichen (2–3mal in 4–8wöchigen Abständen) werden unter den klinisch gesunden Kaninchen die Keimträger ermittelt und abgesondert. Pasteurellenfreie Zuchttiere werden in einen sorgfältig gereinigten und desinfizierten Stall überstellt und für die Nachzucht verwendet. Ihr Keimstatus wird regelmäßig kontrolliert (1–2mal jährlich).

Bei Aufzucht von Kaninchen mit verkürzter Zwischenwurfzeit, d.h. Paarung der Häsin bei puerperaler Brunsterregung 24–36 Stunden nach dem Wurf und Absetzen der Jungtiere im Alter von 26–28 Tagen, kann so auch mit wenigen Zuchttieren innerhalb kurzer Zeit ein größerer Bestand aufgebaut werden.

Als wichtige infektionshemmende Maßnahme ist die räumliche Trennung des Zuchtbestandes mit Mutterhäsinnen und den noch nicht abgesetzten Jungtieren vom Aufzucht- und Maststall für die abgesetzten Tiere dringend geboten.

Ist in einem Bestand die sofortige Ausmerzung infizierter Zuchttiere nicht möglich (wertvolles Zuchtmaterial, andere Gründe), so kann die Gewinnung unbelasteter Jungtiere über Umwege, d.h. Behandlung bzw. Vakzination der Muttertiere versucht werden. Der Erfolg wird von der konsequenten Durchführung besonderer aufzuchthygienischer und infektionsprophylaktischer Maßnahmen und der Überwachung des Keimstatus abhängen. Pasteurellenfreie Jungtiere können für den Aufbau einer unbelasteten Zucht herangezogen oder gemästet werden. Verglichen mit dem direkten Weg auf der Grundlage der Ausmerzung der Keimträger, ist das indirekte Verfahren aufwendiger und unsicherer und sollte nicht generell zur Anwendung kommen.

b) Bekämpfungsmaßnahmen

Bei Seuchenfeststellung Tötung erkrankter Tiere und deren unschädliche Beseitigung. Anschließend gründliche Reinigung und Desinfektion. Geräumte und desinfizierte Buchten bzw. Käfige mindestens 14 Tage lang leer stehen lassen. Haltungsbedingungen verbessern (Ställe gut lüften, aber Zugluft vermeiden; Ammoniak- und Feuchtegehalt der Stalluft gering halten; Stalltemperatur regulieren). Futter auf Vollwertigkeit überprüfen. Strenge Isolierung kranker und krankheitsverdächtiger Tiere, sofern deren Ausmerzung nicht sofort möglich ist. Betroffene Kaninchen nicht auf Ausstellungen schicken und von der Nachzucht ausschließen.

Tenazität des Erregers: Pasteurellen sind wenig widerstandsfähig und werden durch Desinfektionsmittel auf Formaldehyd- oder Phenolbasis rasch abgetötet.

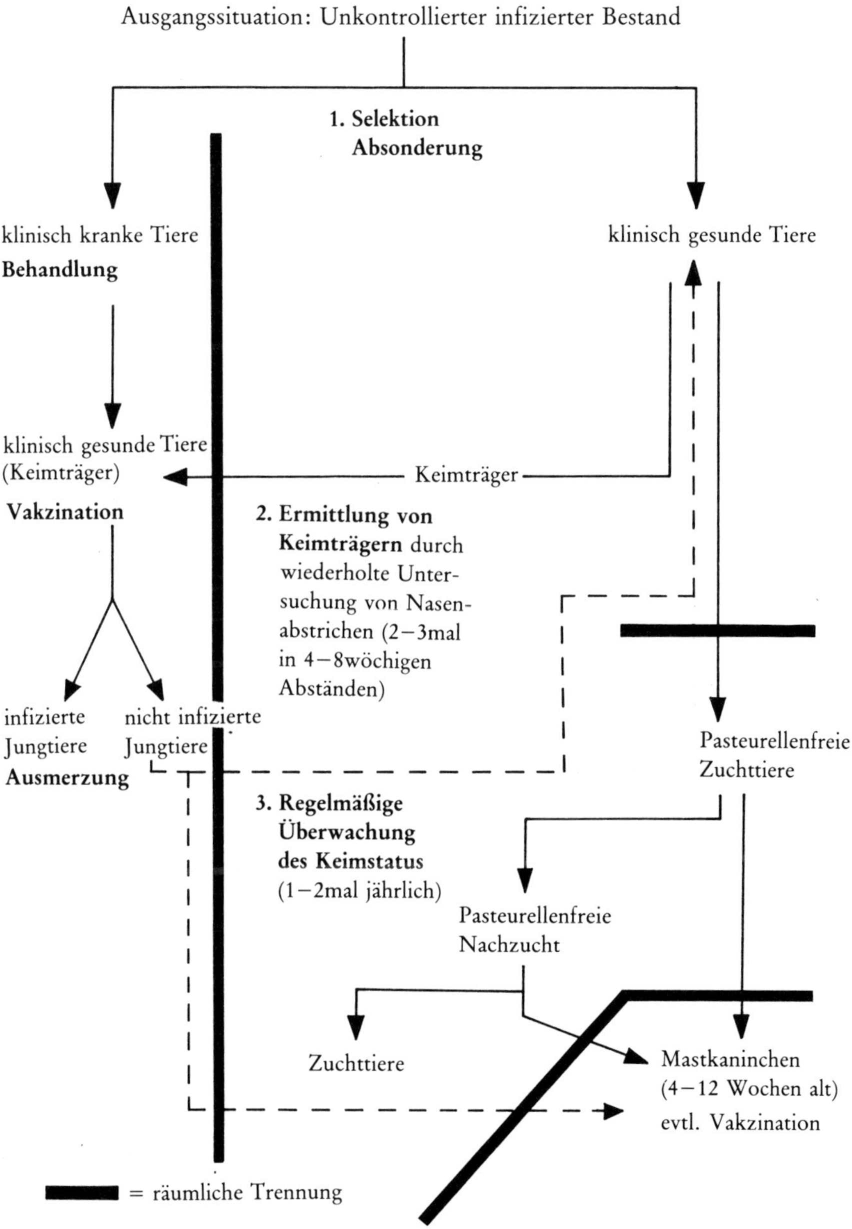

Aufbau pasteurellenfreier Kaninchenbestände

1%ige Natron- oder Kalilauge bzw. chlorhaltige Präparate (Chloramin, Chlorkalk) sind ebenfalls zur Desinfektion geeignet.

Behandlung: Bei akutem Krankheitsverlauf kommt eine Behandlung meist zu spät; bei Erkrankung der Lunge, der Haut/Unterhaut, der Gelenke, der Fortpflanzungsorgane, des Innenohres oder der Hirnhäute ist sie zwecklos.

Liegen lediglich Schnupfensymptome (Niesen, Nasenausfluß) vor, kann in Einzelfällen eine Behandlung mit Antibiotika (z. B. Spectam, A.-S.-Suspension u. a.) nach Resistenztestung (Labor) des vorliegenden Pasteurellenstammes versucht werden. Die Präparate sind mittels Injektion mehrere Tage lang zu verabreichen. Erzielt wird eine vorübergehende Besserung, im günstigsten Fall auch eine klinische Ausheilung, nicht erreicht wird die vollständige Abtötung der im Nasen- und Nasennebenhöhlenbereich angesiedelten Keime, so daß ein erneutes Auftreten von Krankheitserscheinungen bei Schwächung der Abwehrkräfte des Organismus jederzeit möglich ist (Rezidiv).

Zur Sanierung eines Bestandes mit dem Ziel der Ausmerzung des „Ansteckenden Schnupfens" ist der Einsatz von Antibiotika nicht geeignet, da die behandelten Tiere Keimträger und Keimausscheider bleiben.

Als Ursache für die unbefriedigenden Behandlungserfolge sind die besonderen anatomischen Verhältnisse der Kopfhöhlen des Kaninchens anzusehen, die eine spontane Entleerung der sich im Verlaufe der Erkrankung in den Nasennebenhöhlen gebildeten Eitermassen verhindern.

Bei Entzündungen der Bindehäute sind antibiotische Augensalben anwendbar. Waschungen mit Kamillenaufgüssen sind nicht zu empfehlen, da Kamille die Hornhaut aufweicht und dadurch bleibenden Schäden Vorschub leistet.

Gefahren für Tierhalter und Haustiere: Keine.

2.1.2 Rodentiose (Pseudotuberkulose)

Die Rodentiose ist eine gewöhnlich chronisch verlaufende, seuchenhaft auftretende Infektionskrankheit der Nagetiere. Die Ansteckung erfolgt durch Aufnahme infizierten Futters oder Wassers (Keimausscheidung mit dem Kot!). Schadnager können Erregerreservoire sein.

Ursache: Yersinia pseudotuberculosis (sporenlose, gramnegative, coccoide Bakterien).

Krankheitszeichen: Wegen des chronischen Krankheitsverlaufes wenig charakteristisch. Zunehmende Abmagerung, eventuell Durchfall oder Atembeschwerden. Akute Verlaufsform mit Störung des Allgemeinbefindens (Fieber, Mattigkeit, Atemnot) ist selten.

Bei der Sektion findet man grauweiße oder gelbliche, bis haselnußgroße, unregelmäßig begrenzte und oft käsig zerfallene Herde in den inneren Organen

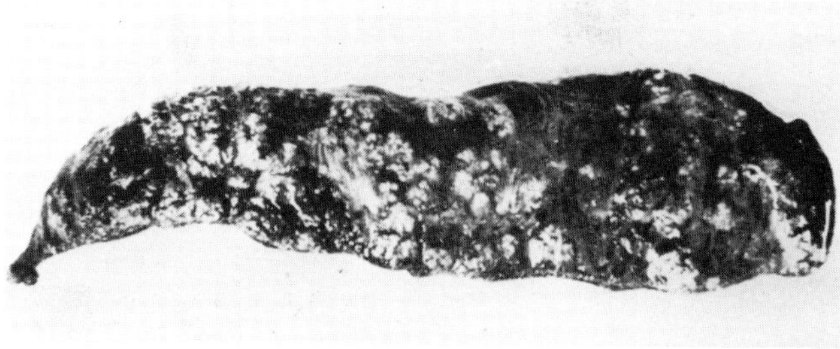

Rodentiose. Milz stark vergrößert, mit zahlreichen, z. T. verkästen Herden.

(Milz, Leber, Darmwand, Lunge, Nieren, Lymphknoten) und zum Teil in den Gelenken. Die Milz ist regelmäßig vergrößert.
Krankheitsfeststellung: Sektionsbefund und Erregernachweis in den veränderten Organen (Labor). Am lebenden Tier durch Nachweis des Erregers im Kot.
Vorbeugung und Bekämpfung: Planmäßige Mäuse- und Rattenbekämpfung. Bei Seuchenfeststellung Tötung der erkrankten und ansteckungsverdächtigen Kaninchen und deren unschädliche Beseitigung. Anschließend gründliche Reinigung und Desinfektion.
Tenazität des Erregers: Der Rodentioseerreger ist wenig widerstandsfähig und wird durch Desinfektionsmittel auf Formaldehyd- oder Phenolbasis abgetötet.
Behandlung: Behandlung mit Antibiotika nach Resistenztestung (Streptomycin, Tetracyclin, Chloramphenicol) ist möglich, jedoch nicht empfehlenswert.
Gefahren für Tierhalter und Haustiere: Die Rodentiose ist auf den Menschen und auf Haustiere (Schwein, Geflügel, Hund) übertragbar.

2.1.3 Tularämie (Kaninchenfieber, Hasenpest)

Die Tularämie ist eine in Mitteleuropa bisher selten aufgetretene seuchenartige Infektionskrankheit der Nagetiere, die für Hauskaninchen zur Zeit ohne Bedeutung ist. In Nordeuropa kommt sie bei Wildkaninchen, Hasen, Mäusen und Ratten häufiger vor. Sie wird hauptsächlich durch Ektoparasiten (Milben, Zecken, Flöhe, Läuse u. a.) übertragen. Die Tularämie ist meldepflichtig.
Ursache: Francisella tularensis (sporenlose, gramnegative, aerobe Stäbchenbakterien).
Krankheitszeichen: Bei raschem Krankheitsverlauf unauffällig, sonst Störung des Allgemeinbefindens (Mattigkeit, Freßunlust, Taumeln).

Tularämie. Lunge mit zahlreichen grauweißen Nekroseherden.

Die Sektion ergibt eine starke Schwellung von Milz, Leber und Lymphknoten. Leber, Milz und Lungen sind von zahlreichen grauweißen Herden durchsetzt. Die Veränderungen ähneln denen der Rodentiose und der Tuberkulose.

Krankheitsfeststellung: Sektionsbefund und Erregernachweis (Labor). Im Zweifelsfall Infektionsversuch am Meerschweinchen.

Vorbeugung und Bekämpfung: Zum Schutz des heimischen Haus- und Wildkaninchenbestandes ist die Ein- und Durchfuhr von Hasen und Kaninchen aus dem Ausland gesetzlich geregelt.

Da der Erreger durch blutsaugende Insekten und Schadnager übertragen wird, ist Schutz vor Insektenanflug und eine planmäßige Mäuse- und Rattenbekämpfung die wirksamste prophylaktische Maßnahme.

Bei Seuchenfeststellung Tötung der erkrankten Tiere und deren unschädliche Beseitigung. Anschließend gründliche Reinigung und Desinfektion.

Tenazität des Erregers: Der Tularämieerreger ist wenig widerstandsfähig und durch Desinfektionsmittel auf Formaldehyd- oder Phenolbasis rasch abzutöten. In Kadavern und Fellen bleibt er allerdings monatelang lebensfähig. Vorsicht beim Vergraben verendeter Wildkaninchen und anderer Nagetiere (Gummihandschuhe, Händedesinfektion!).

Behandlung: Behandlung kranker Tiere ist mit Streptomycin möglich. Wegen der Gefährlichkeit der Erkrankung für den Menschen sollten bei gesicherter Diagnose Behandlungsversuche jedoch unterbleiben.
Gefahren für Tierhalter und Haustiere: Die Tularämie ist auf den Menschen übertragbar. Haustiere erkranken in der Regel nicht.

Ansteckungsmöglichkeiten: Blutsaugende Insekten, Hantierung mit erkrankten Tieren (Schlachten, Abbalgen, Zerlegen), Genuß ungenügend gekochten Fleisches infizierter Tiere.

Klinisches Erscheinungsbild: Fieberhafte Allgemeinsymptome (Fieber, Kopf- und Gliederschmerzen, Schüttelfrost), die 2–8 Tage nach der Ansteckung auftreten, periodisch abflauen und sich wieder verstärken können. Geschwürbildung an der Eintrittspforte der Erreger (Haut, Bindehaut, Mundschleimhaut) und starke Schwellung der regionalen Lymphknoten. Grippeähnliche oder typhusartige Zustände (Durchfall, Erbrechen, Darmblutungen).
Im Erkrankungsfall sofort einen Arzt aufsuchen!

2.1.4 Tuberkulose

Die Tuberkulose ist eine chronisch verlaufende Infektionskrankheit, die seit Einführung der systematischen Bekämpfung der Rindertuberkulose und der Erfassung menschlicher Ausscheider beim Kaninchen keine Bedeutung mehr hat. Die Ansteckung erfolgt durch Aufnahme der Erreger mit dem Futter (z.B. unabgekochte Milch) oder durch Einatmen keimhaltigen Staubes.
Ursache: Mycobacterium bovis, gelegentlich M. tuberculosis oder M. avium (sporenlose, säurefeste, aerobe Stäbchenbakterien).
Krankheitszeichen: Wegen des chronischen Krankheitsverlaufes wenig charakteristisch. Zunehmende Abmagerung, bei ausgeprägtem Lungenbefund Atembeschwerden.

Bei der Sektion findet man käsige, z.T. auch verkalkende Herde unterschiedlicher Größe und Form in den inneren Organen (Lunge, Leber, Niere, Lymphknoten, Milz).
Krankheitsfeststellung: Sektionsbefund und Nachweis säurefester Stäbchen (Ziehl-Neelsen-Färbung) in den veränderten Organen. Sicherung der Diagnose durch histologische Untersuchung und Anzüchtung der Tuberkelbakterien (Labor).
Vorbeugung und Bekämpfung: Kaninchen nicht in Rinder-, Schweine- und Geflügelställen halten.

Bei gesicherter Diagnose Tötung erkrankter und krankheitsverdächtiger Kaninchen und deren unschädliche Beseitigung. Gründliche Reinigung und Desinfektion.

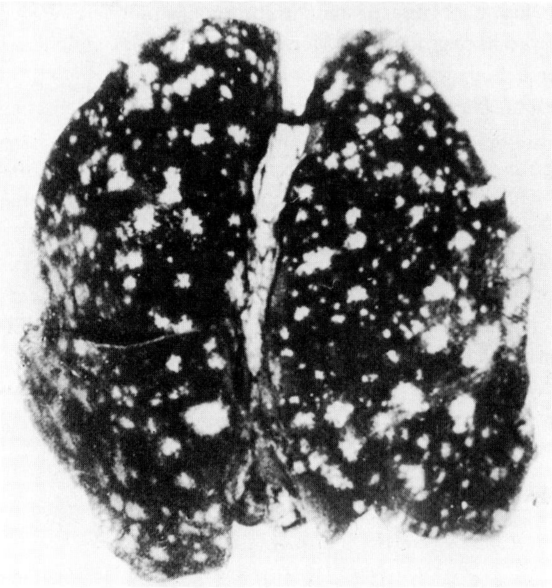

Tuberkulose.
Lunge mit zahlreichen,
z. T. verkästen Herden.

Tenazität des Erregers: Der Erreger der Tuberkulose ist sehr widerstandsfähig. Desinfektion mit formaldehydhaltigen Präparaten (z. B. Tegodor 73).
Behandlung: Nicht möglich.
Gefahren für Tierhalter und Haustiere: Die Tuberkulose ist auf den Menschen und auf Haustiere übertragbar.

2.1.5 Nekrobazillose (Schmorlsche Krankheit)

Die Nekrobazillose kommt in hygienisch einwandfrei geführten Kaninchenhaltungen kaum vor. Bei Mängeln in der Haltungshygiene (scharfkantiger Käfigboden, feuchte, verkotete Einstreu, dichter Tierbesatz) kann sie jedoch stationär werden und schwere Verluste fordern. Die Ansteckung erfolgt durch Aufnahme infizierten Futters oder Kontakt mit verunreinigter Einstreu. Haut- und Schleimhautverletzungen begünstigen das Eindringen des Erregers.
Ursache: Fusobacterium necrophorum (sporenlose, gramnegative, anaerobe Bakterien, coccoid oder fadenbildend).
Krankheitszeichen: Charakteristisch sind Schwellungen sowie Geschwür- und Abszeßbildungen an den Lippen, die im weiteren Krankheitsverlauf auf weite-

re Kopfpartien und den Hals übergreifen können. Nahrungsaufnahme und Atmung sind erschwert, sofern sich der Prozeß in der Mundhöhle ausbreitet. Die Tiere speicheln, zeigen Freßunlust und magern ab.

Abszeßbildung und geschwüriger Gewebezerfall mit Tendenz zur Ausbreitung findet man häufig auch an den Sohlenflächen der Läufe (Komplikation der sog. „wunden Läufe"). Offene Geschwüre verbreiten einen fauligen Geruch.

Krankheitsfeststellung: Klinisches Bild. Sicherung der Diagnose durch den Erregernachweis (Labor).

Vorbeugung und Bekämpfung: Krankheitsvorbeugende Maßnahmen haben zum Ziel, die Kaninchen vor Verletzungen zu schützen und die Möglichkeit der Verunreinigung von Haut- und Schleimhautwunden mit Kot zu verhindern. Keine spitzen und scharfkantigen Käfigeinrichtungen verwenden, dichten Tierbesatz vermeiden (Beißereien), Einstreu häufig wechseln.

Erkrankte Tiere absondern und behandeln oder töten. Käfige bzw. Buchten gründlich reinigen und desinfizieren. Futterreste und Einstreu unschädlich beseitigen. Haltungsbedingungen verbessern.

Tenazität des Erregers: Fusobakterien sind in sauerstoffarmem Milieu sehr widerstandsfähig. Abtötung durch formaldehydhaltige Desinfektionsmittel.

Behandlung: Eine Behandlung ist nur im Anfangsstadium der Erkrankung erfolgversprechend und nur bei wertvollen Zuchttieren zu empfehlen. Öffnung der Eiterherde und Entfernung der abgestorbenen Hautteile. Örtliche Behandlung mit Antibiotika oder Sulfonamiden nach Resistenztestung (Labor).

Gefahren für Tierhalter und Haustiere: Eine Übertragung der Fusobakterien auf den Menschen ist möglich (örtliche Abszeßbildung).

2.1.6 Listeriose

Die Listeriose wird bei Kaninchen zwar nur gelegentlich festgestellt, betroffen sind in einem Bestand dann aber meist mehrere Tiere (Bestandsinfektion). Die Ansteckung erfolgt vermutlich durch Aufnahme der von anderen Tieren (Schaf, Rind, Schadnager) mit dem Kot ausgeschiedenen Erreger über das Futter (Grünfutter). Streßsituationen (Trächtigkeit, Mangelernährung u.a.) scheinen das Angehen der Infektion zu fördern, vielleicht sogar erst zu ermöglichen. Die Listeriose ist meldepflichtig.

Ursache: Listeria monocytogenes (sporenlose, grampositive, aerobe Stäbchenbakterien).

Krankheitszeichen: Variabel und unbestimmt. Bei septikämischem Krankheitsverlauf Störung des Allgemeinbefindens (Mattigkeit, Freßunlust, Fieber) und plötzlich eintretender Tod; bei Listeriose der Gebärmutter eventuell Verwerfen gegen Ende der Tragezeit; bei Listeriose des Gehirns zentralnervöse Störungen (Lichtscheue, unkontrollierte Bewegungen, Schiefhalten des Kopfes, unnormale Gliedmaßenstellung).

Bei der Sektion findet man kleine, grauweiße Herde in Leber und Milz, eine eitrige Gebärmutterentzündung und kleine Eiterherde im Gehirn.

Krankheitsfeststellung: Erregernachweis in Organmaterial beim toten oder in Blut und Scheidenausfluß beim lebenden Tier bzw. in Leber und Mageninhalt verworfener Feten (Labor).

Vorbeugung und Bekämpfung: Planmäßige Schadnagerbekämpfung. Bei gesicherter Diagnose Tötung erkrankter Tiere und deren unschädliche Beseitigung. Anschließend Reinigung und Desinfektion.

Tenazität des Erregers: Listerien sind mit den üblichen Desinfektionsmitteln rasch abzutöten.

Behandlung: Eine Behandlung kann, sofern keine zentralnervösen Störungen vorliegen, mit Antibiotika (Penicillin, Tetracyclin, Chloramphenicol) nach Resistenztestung versucht werden, ist aber nicht zu empfehlen.

Gefahren für Tierhalter und Haustiere: Der Erreger der Listeriose ist auf andere Tiere (Schaf, Rind, Geflügel) und den Menschen übertragbar. Die Ansteckung erfolgt beim Menschen durch orale Schmierinfektion (Vorsicht bei der Beseitigung von verworfenen Feten!). Bevorzugter Ansiedlungsort der Listerien sind das Gehirn und bei Schwangeren die Gebärmutter.

Klinisches Erscheinungsbild: Vielgestaltig. Zentralnervöse Störungen (Kopfschmerzen, Nackensteifheit, Bewußtseinsstörungen), Fehlgeburt, Lymphknotenschwellung, Bindehautentzündung und andere.

2.1.7 Treponematose (Spirochätose, Kaninchensyphilis)

Die Treponematose ist eine chronisch verlaufende Geschlechtskrankheit der Kaninchen, die weitverbreitet ist und in manchen Beständen enzootisch auftritt. Die Übertragung des Erregers erfolgt vor allem durch den Deckakt, aber auch durch direkten Kontakt (Beschnuppern, Belecken, Beißen).

Ursache: Treponema cuniculi (schraubenförmige, sehr schlanke Bakterien). Inkubationszeit: 3–8 Wochen.

Krankheitszeichen: Im Anfangsstadium Rötung und Schwellung der Scheidenbzw. Vorhaut- und Penisschleimhaut. Absonderung eines wäßrigen, später schleimig-eitrigen Sekretes. Dann Bildung von kleinen Knötchen, die einschmelzen und zu nässenden, mit Schorf bedeckten Geschwüren zusammenfließen. In fortgeschrittenem Stadium finden sich gleichartige Knötchen und Geschwüre auch an anderen Körperstellen (Lippen, Nase, Augenlider, Ohrgrund, Gesäuge u. a.). In der Umgebung der Geschwüre besteht Haarausfall.

Treponematose. Geschwürbildung und Haarausfall im Bereich der Augenlider.

Krankheitsfeststellung: Klinischer Befund unter Ausschluß ähnlicher, jedoch auf andere Ursachen zurückgehende Krankheitsbilder (Myxomatose, Trichophytie, Ekzeme, Wunden u. a.). Die Diagnose wird durch den Erregernachweis (Dunkelfeldmikroskopie, Tuschepräparat) gesichert (Labor).

Vorbeugung und Bekämpfung: Neuzugänge sowie Deckrammler und zu dekkende Häsinnen aus fremden Beständen auf Gesundheit der Geschlechtsorgane untersuchen.

Bei gesicherter Diagnose kranke Kaninchen isolieren und bis zur völligen Ausheilung von der Zucht ausschließen. In Einzelfällen erkrankte Tiere töten und unschädlich beseitigen. Bei enzootischem Vorkommen nicht nur die klinisch kranken, sondern alle Tiere des Bestandes behandeln. Käfige bzw. Buchten anschließend gründlich reinigen und desinfizieren.

Tenazität des Erregers: Spirochäten sind wenig widerstandsfähig und mit den üblichen Desinfektionsmitteln rasch abzutöten.

Behandlung: Wiederholte Injektion von Penicillin (25 000 bis 40 000 IE/kg Körpergewicht) im Abstand von 2 Tagen. Durch zusätzliche, mehrtägige lokale Behandlung der erkrankten Körperpartien mit Antibiotikasalben wird der Heilungsverlauf beschleunigt.

Gefahren für Tierhalter und Haustiere: Keine.

2.1.8 Salmonellose

Salmonelleninfektionen kommen als Einzel-, in größeren Beständen und bei mangelhafter Hygiene auch als Bestandsinfektionen vor. Ungünstige Haltungs- und Fütterungsbedingungen, Parasitenbefall und physiologische Belastungen (z. B. Trächtigkeit) begünstigen das Zustandekommen der Infektion.

Die Ansteckung erfolgt durch Aufnahme der Erreger mit verunreinigtem Futter und Wasser (Erreger wird mit dem Kot ausgeschieden). Erregerreservoire sind kranke und klinisch gesunde Keimausscheider sowie Schadnager, Tauben und Wildvögel.

Ursache: Salmonella typhimurium, andere Typen (S. enteritidis u. a.) sind selten (sporenlose, gramnegative, aerobe Stäbchenbakterien).

Krankheitszeichen: Bei raschem Krankheitsverlauf unauffällig, sonst Störung des Allgemeinbefindens (Mattigkeit, Freßunlust, Teilnahmslosigkeit, Fieber), schnelle Abmagerung, gelegentlich Durchfall. Bei tragenden Häsinnen wird häufig Verwerfen und Scheidenausfluß festgestellt. Häsinnen, die die Infektion überlebt haben, sind dann in der Regel unfruchtbar.

Die Sektion ergibt eine Schwellung der Milz und der Lymphknoten. In Leber, Milz und Nieren findet man zahlreiche kleine, grauweiße Herde, auf den serösen Häuten punktförmige Blutungen. Bauch- und Brusthöhle enthalten meist eine wäßrig-blutige Flüssigkeit. Die Schleimhaut des Blind- und Dünndarmes ist mit kleinen gelben Knötchen, die geschwürig zerfallen können, durchsetzt. Bei tragenden Häsinnen kann eine eitrige Gebärmutterentzündung vorliegen, Feten können mumifiziert sein.

Krankheitsfeststellung: Erregernachweis im Organmaterial beim toten oder in Kotproben beim lebenden Tier (Labor).

Vorbeugung und Bekämpfung: Krankheitsvorbeugende Maßnahmen haben zum Ziel, die Einschleppung der Erreger und deren Verbreitung im Bestand zu verhindern. Quarantäne neuerworbener Kaninchen, einschließlich bakteriologischer Kontrolle von Kotproben. Regelmäßige Mäuse- und Rattenbekämpfung. Beachtung der Anforderungen an eine hygienische Tierhaltung. In Großbeständen regelmäßige Untersuchung von Sammelkotproben zur Ermittlung von Keimausscheidern. In gefährdeten Beständen eventuell prophylaktischer Einsatz von Antibiotika oder Sulfonamide über das Futter oder Trinkwasser.

Bei Krankheitsfeststellung Isolierung kranker und krankheitsverdächtiger Kaninchen. Bei Einzelerkrankung Tötung der betroffenen Tiere und deren unschädliche Beseitigung, sonst Behandlungsversuch. Gründliche Reinigung und Desinfektion. Verbesserung der allgemeinen Hygienebedingungen im Stall.

Tenazität des Erregers: Salmonellen sind sehr widerstandsfähig. Sie können, besonders in trockenem Material (Einstreu, Kot, Erdboden) monatelang lebensfähig bleiben und sich, sofern geeignete Bedingungen (Verfügbarkeit von Nährstoffen, bestimmte Temperatur und Feuchte) vorliegen, auch vermehren.

Desinfektion mit formaldehyd- oder phenolhaltigen Präparaten.

Behandlung: Eine Behandlung kann mit Antibiotika (Streptomycin, Tetracyclin, Chloramphenicol) oder Sulfonamiden nach Resistenztestung versucht werden. Sie ist generell aber nicht zu empfehlen.

Gefahren für Tierhalter und Haustiere: Salmonellen sind auf andere Tiere (Schwein, Rind, Geflügel, Hund) und den Menschen übertragbar. Sie verursachen beim Menschen Magen-Darm-Erkrankungen, die unter dem Bild „Fieberhafter Brechdurchfall" (Erbrechen, Übelkeit, Fieber, Durchfall) einen meist akuten Verlauf nehmen. Die Ansteckung erfolgt durch Genuß erregerhaltiger Lebensmittel (ungenügend gekochtes oder gebratenes Fleisch infizierter Tiere).

2.1.9 Dysenterie

Mit „Dysenterie" wird ein Krankheitsbild bezeichnet, das während der feucht-kühlen Frühjahrs- und Herbstmonate häufig zu beobachten ist und besonders unter Jungkaninchen zwischen der 6. und 12. Lebenswoche zahlreiche Verluste fordert. In größeren Beständen (Mast-, Versuchstierhaltungen) kann sie die Rentabilität des Betriebes in Frage stellen, in kleineren Zuchten kann durch den Verlust der Nachzucht wertvolle Zuchtarbeit zunichte gemacht werden.

An der Entwicklung einer Dysenterie sind mehrere Faktoren beteiligt. Als infektiöser Komponente kommt der Ansiedlung pathogener Bakterien im Darm eine besondere Bedeutung zu.

Die Ansteckung erfolgt durch Aufnahme der Bakterien mit dem Kot infizierter Tiere oder mit verunreinigtem Futter und Wasser (Keimausscheidung mit dem Kot!).

Ursache: Plötzlich auftretende Veränderungen in der Darmflorazusammensetzung, deren auslösende Faktoren vielfältig sein können und nicht immer klar erkennbar sind, z.B. Störung der Darmbewegung bei Unterkühlung, plötzlicher Futterwechsel, Fütterungsfehler (verdorbenes, verunreinigtes, erhitztes oder gefrorenes Futter, zu geringer Anteil an Ballaststoffen, erhöhter Anteil an toxisch wirkenden Substanzen wie Glykoside, Saponine oder Alkaloide), unzureichende Wasserversorgung, orale Behandlung mit bestimmten Antibiotika (Penicillin, Ampicillin u.a.) und andere.

Durch die gestörten Verhältnisse im Darm finden pathogene, toxinbildende Bakterien (Escherichia coli, Clostridium perfringens) günstige Bedingungen zur Ansiedlung und Vermehrung. Infektionen mit Darmkokzidien begünstigen die Entwicklung der Dysenterie und komplizieren deren Krankheitsverlauf.

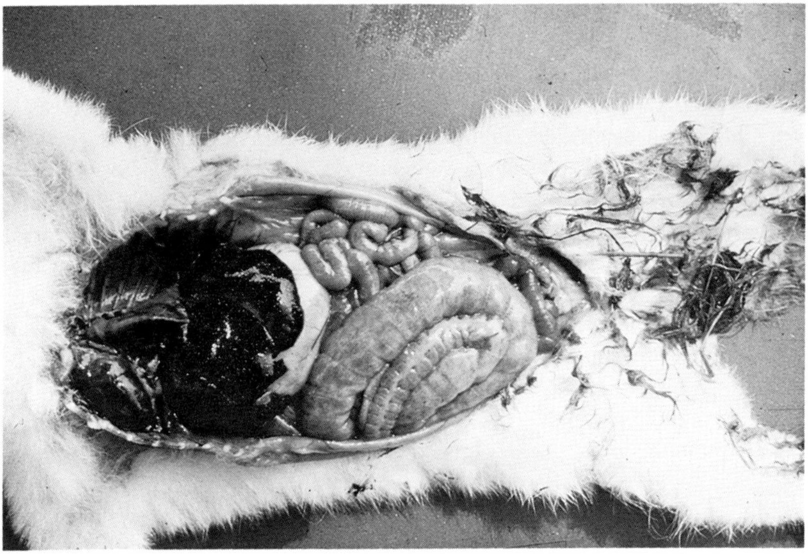

Dysenterie. Katarrhalische Dünn- und Blinddarmentzündung, Analgegend stark verschmutzt.

Dysenterie. Blinddarm, Schleimhaut stark verdickt, gerötet und sulzig-glasig durchtränkt.

Krankheitszeichen: Plötzlich auftretender Durchfall (flüssig bis dünnbreiig, z.T. schleimig, gelegentlich blutig), dadurch starke Verschmutzung der Analgegend und des Bauches. Freßunlust, Mattigkeit, zunehmender Kräfteverfall. Stürmischer Krankheitsverlauf mit tödlichem Ausgang nach 3–5 Tagen, seltener Übergang zur chronischen Form (Verstopfung, Absonderung eines zähen, glasigen Schleimes). Rasche Ausbreitung der Krankheit im Bestand bei Gruppentierhaltung auf Einstreu.

Bei der Sektion werden zum Teil charakteristische Organbefunde, die von der Pathogenität und Toxizität der vorherrschenden Bakterienart geprägt sind, erhoben.

Bei Infektionen mit *Escherichia coli* (Coli-Intoxikation, Mucoide Enteritis) überwiegt die katarrhalische oder mucoide Darmentzündung mit dünnflüssigem, zum Teil auch schleimig-gallertigem Inhalt im Dünn-, Blind- und Dickdarm. Die Schleimhaut ist meist verdickt und erscheint glänzend-speckig. In chronischen Fällen können der Darmschleimhaut fibrinöse Beläge anhaften.

Bei Infektionen mit *Clostridium perfringens* (Perfringens-Enterotoxämie, Nekrotisierende Typhlo-Colitis) ist die Wand des unteren Dünndarmabschnittes (Ileum), des Blinddarmes und seltener auch des oberen Dickdarmabschnittes stark verdickt und sulzig-glasig durchtränkt. Die Schleimhaut ist gerötet und mit graugelblichen Belägen bedeckt, der Darminhalt ist übelriechend und z.T. blutig. In der Leber finden sich zahlreiche kleine, grauweiße Nekroseherde.

Bei Infektionen mit *Bacillus piliformis* (Tyzzer Krankheit) findet man punktförmige Blutungen in der meist stark geschwollenen Blinddarmschleimhaut. Der Blinddarm ist mit braunem, wäßrigen Inhalt gefüllt. Die Leber weist in typischen Fällen kleine, grauweiße Herdchen auf.

Krankheitsfeststellung: Klinisches Bild und Sektionsbefund unter Ausschluß ähnlicher, aber auf andere Ursachen zurückgehende Erkrankungen (Salmonellose, Darmwurmbefall, Kokzidiose, Vergiftungen, Fütterungsschäden). Sicherung der Diagnose durch den Erregernachweis (Labor).

Vorbeugung und Bekämpfung: Langsame Umstellung von Milchnahrung auf feste Futterstoffe (Jungtiere nehmen etwa ab dem 14. Lebenstag feste Nahrung auf, deshalb Bereitstellung von Fertigfutter und Heu). Bei ausschließlicher Verfütterung von Fertigfutter zusätzlich Heu anbieten. Wasserversorgung sichern. Den höheren Mineralstoffbedarf wachsender Kaninchen durch Einhängen von Salzlecksteinen abdecken. Grundsätze der Fütterungs- und Haltungshygiene beachten. Regelmäßige Stallreinigung und -desinfektion. Haltung der Kaninchen auf Drahtgitterböden zur Vermeidung von Kokzidieninfektionen.

In gefährdeten Beständen eventuell Medizinalfutter während der kritischen Lebensphase (5.–10. Woche) verabreichen. Die prophylaktische Schutzimpfung mit bestandsspezifischer E. coli- oder einer Clostridienvakzine ist wiederholt versucht worden. Sie ist in ihrer Wirkung jedoch sehr unsicher und nicht generell zu empfehlen.

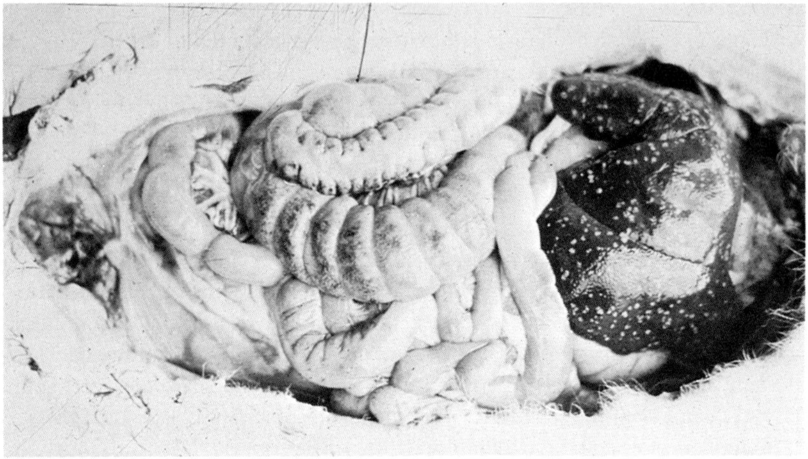

Dysenterie. Blutige Blinddarmentzündung, Leber mit zahlreichen grauweißen Nekroseherden.

Bei Krankheitsfeststellung Einstreu und Futter, nicht aber das Wasser entfernen. Dem Trinkwasser Kochsalz (ca. 5 g/l) zugeben. Kranke Tiere absondern und töten oder behandeln. Käfige bzw. Buchten gründlich reinigen und desinfizieren. Eventuell Futterumstellung. Haltungssystem überprüfen.

Tenazität der Erreger: Colikeime und Clostridien sind wenig widerstandsfähig und mit den üblichen Desinfektionsmitteln rasch abzutöten.

Behandlung: Eine Behandlung kommt bei sehr stürmischem Krankheitsverlauf zu spät, kann bei frühzeitigem Beginn aber durchaus erfolgreich sein. Einsetzbar sind Antibiotika (Tetracycline, Chloramphenicol) oder Sulfonamide, die 7–10 Tage lang über das Trinkwasser oder Futter zu verabreichen sind.

Gleichzeitig sollte für Ersatz der durch die wäßrigen Ausscheidungen verlorengegangenen Flüssigkeit und Mineralien durch Injektion von physiologischer Kochsalzlösung (0,85 %ig) bzw. Elektrolytlösung (3–1 ml/kg Kgw.) in die Bauchhöhle gesorgt werden.

Wichtig sind diätetische Maßnahmen (Alleinfütterung mit gutem Heu, Quetschhafer bzw. Haferflocken) bis zur klinischen Ausheilung. Danach langsam auf Normalfütterung umstellen. Unterstützung des Heilungsprozesses durch Vitamin-A-Gaben (geriebene Möhren, Vogan). Zur Wiederherstellung der normalen Darmflora können Yoghurt oder milchsäurehaltige Präparate (Hylak-Tropfen, Perenterol) verabreicht werden. Alle gefährdeten Kaninchen eines Bestandes behandeln!

Gefahren für Tierhalter und Haustiere: Keine.

Staphylokokkeninfektion.
Abszeß an rechter Halspartie.

2.1.10 Staphylokokkeninfektion

Staphylokokkeninfektionen kommen als Einzelerkrankungen, in größeren Beständen und bei mangelhafter Hygiene auch als Bestandsinfektionen häufig vor. Staphylokokken sind in der Natur weit verbreitet und können auch auf der gesunden Haut und Schleimhaut von Kaninchen nachgewiesen werden. Das Zustandekommen einer Infektion wird durch Verletzungen begünstigt. Der zunächst örtlich begrenzte Entzündungsherd kann bei Schwächung der Widerstandskraft des Organismus Ausgangspunkt für eine Allgemeininfektion werden.
Ursache: Staphylococcus aureus (grampositive Kugelbakterien).

Krankheitszeichen: Bei septikämischem Verlauf Störung des Allgemeinbefindens (Fieber, Freßunlust, Mattigkeit) und plötzlich eintretender Tod, sonst Abszeßbildung (erbsen- bis tomatengroß, häufig im Hals-Rücken-Bereich, gelegentlich aufbrechend) in Haut und Unterhaut oder im Gesäuge. Bei Erkrankung der Milchdrüse säugender Häsinnen werden die Jungtiere infiziert und verenden nach wenigen Tagen an akuter Staphylokokkeninfektion (betroffen ist der gesamte Wurf).

Staphylokokken können als Sekundärerreger bei Erkrankungen der Haut und der Schleimhäute sowie bei normalerweise harmlosen Verletzungen das Krankheitsbild verschlimmern und den Heilungsvorgang verzögern. Gelegentlich werden sie auch bei Erkrankungen der oberen Atemwege (Schnupfen) gefunden.

Krankheitsfeststellung: Klinischer Befund und Erregernachweis in Eiterungsprozessen (Labor).

Vorbeugung und Bekämpfung: Krankheitsvorbeugende Maßnahmen haben zum Ziel, die Kaninchen vor Verletzungen zu schützen (keine spitzen und scharfkantigen Käfigeinrichtungen verwenden, dichten Tierbesatz vermeiden, einstreulose Haltung!) und die Vermehrung und Weiterverbreitung der Bakterien durch regelmäßige Reinigung und Desinfektion der Käfige bzw. Buchten, Stallungen und Geräte zu verhindern.

Bei Krankheitsfeststellung Isolierung und Behandlung oder Tötung der erkrankten Tiere. Gründliche Reinigung und Desinfektion. Verbesserung der allgemeinen Hygienebedingungen im Stall.

Tenazität des Erregers: Staphylokokken sind sehr widerstandsfähig, da sie meist von eitrigem, verkrustetem Material umhüllt sind. Desinfektion mit formaldehydhaltigen Präparaten.

Behandlung: Behandlung mit Antibiotika nach Resistenztestung. Einzelne Abszesse spalten und vorsichtig ausdrücken, anschließend örtliche Behandlung mit antibiotischen Salben. Eine Behandlung ist nur bei Einzelerkrankungen zu empfehlen. Kaninchen, die auf die Behandlung nicht ansprechen, sollten getötet werden, da sie eine Gefahr für den gesamten Bestand bedeuten.

Gefahren für Tierhalter und Haustiere: Eine Übertragung der Erreger auf den Menschen ist möglich (Schmierinfektion. Vorsicht beim Öffnen von Abszessen!). Staph. aureus verursacht lokale Eiterungsprozesse.

2.1.11 Sonstige bakterielle Infektionen

Streptokokken verursachen ähnlich wie Staphylokokken örtliche Eiterungsprozesse oder schwere, meist tödlich verlaufende Allgemeininfektionen, besonders bei Jungkaninchen. Mangelhafte Fütterungs- und Haltungsbedingungen begünstigen ihr Auftreten. Die Diagnose ergibt sich aus dem Erregernachweis im Eiter oder im Organmaterial (Labor). Behandlung mit Antibiotika nach Resistenztestung.

Tödlich verlaufende Allgemeinerkrankungen oder örtliche Eiterungsprozesse können auch durch *Proteus vulgaris* oder *Pseudomonas aeruginosa* verursacht werden. Derartige Fälle werden in hygienisch nicht einwandfrei geführten Kaninchenhaltungen mit automatischen Tränkeanlagen gelegentlich beobachtet. Keine Behandlungsempfehlung. Verbesserung der hygienischen Situation im Stall. Regelmäßige Reinigung und Desinfektion der Tränkeanlage.

Eine durch *Actinomyces spp.* verursachte Erkrankung der Knochen, charakterisiert durch beulenartige Auftreibungen besonders am Kopf (Kiefer, Nasenbein) mit Fistelbildung, aus denen sich eitrige Massen entleeren, wird ganz selten auch beim Kaninchen beobachtet. Verletzungen am Zahnfleisch und an der Mundschleimhaut (z.B. bei Zahnanomalien) begünstigen die Infektion. Eine Heilung ist nicht möglich.

2.2 Durch Viren verursachte Krankheiten

2.2.1 Myxomatose

Zur Zeit die gefürchtetste Kaninchenseuche, die in Europa seit 1952 besonders unter den Wildkaninchen verbreitet ist und während der Sommer- und Herbstmonate in manchen Regionen erhebliche Verluste fordert. In Hauskaninchenbeständen ist sie wiederholt aufgetreten. Wegen der hohen Sterblichkeitsrate (bis zu 100%) und dem Ausfall von Fleisch und Fellen der Mast- bzw. Wolle der Angorakaninchen spielt die Myxomatose eine erhebliche wirtschaftliche Rolle, abgesehen von dem Rückschlag in der Zuchtarbeit durch den Verlust wertvoller Zuchttiere.

Ursache: Myxomvirus. Das Virus ist wirtsspezifisch. Im europäischen Raum erkranken an Myxomatose vor allem das Wildkaninchen (Oryctolagus cuniculi L.) und das von ihm abstammende Hauskaninchen. Hasen werden nur selten befallen.

Krankheitszeichen: Klinisches Bild und Krankheitsverlauf sind nicht einheitlich. Sie werden wesentlich beeinflußt von der Virulenz des Virusstammes und der Empfänglichkeit der Kaninchen, die rasse- und konditionsbedingt unterschiedlich stark sein kann. Inkubationszeit: 3–5 Tage.

a) Perakuter Verlauf: Wenig ausgeprägt, lediglich geringgradige Schwellung der Augenlider. Eintritt des Todes innerhalb einer Woche nach erfolgter Ansteckung.

b) Akuter Verlauf: Klinische Symptome werden ab dem 3.–5. Tag nach erfolgter Ansteckung beobachtet. Schwellung der Augenlider, später eitriger Augenausfluß. Entzündung und Schwellung der Haut im Bereich des Kopfes (Lippen, Ohren, Nase, Augen) und der Geschlechtsteile. In ausgeprägten Fällen schwillt der ganze Kopf unförmig an (Löwenkopf). Im weiteren Krankheitsverlauf bilden sich an vielen Körperstellen, besonders an den Hinterläufen und am Rücken teigige oder feste Knoten, die geschwürig aufbrechen können. Die Tiere, die anfangs noch gut, ab dem 6.–7. Tag jedoch nicht mehr fressen, gehen meist in der 2. Krankheitswoche an allgemeiner Entkräftung ein.

c) Chronischer Verlauf: Scharf abgesetzte, knotige Haut- und Unterhautverdikkungen vor allem im Bereich des Kopfes (Ohren) und der Läufe. Milder Krankheitsverlauf mit geringer Erkrankungs- und Todesrate. Kaninchen mit robuster Kondition überleben die Infektion meist.

Bei der Sektion findet man die charakteristischen tumorartigen Myxomknoten in der Haut und die gallertig-sulzigen Myxödeme in der Unterhaut. Lymphknoten, Milz und Leber können geschwollen sein. Lunge, Herz und andere Organe weisen gelegentlich ebenfalls myxomatöse Herde auf.

Krankheitsfeststellung: Klinischer Befund unter Berücksichtigung der allgemeinen Seuchenlage. Im Zweifelsfall Erregernachweis (nur im Speziallabor möglich).

Vorbeugung und Bekämpfung: Besonders wichtig bei endemischem Vorkommen der Myxomatose unter Wildkaninchen. Krankheitsabwehrende Maßnahmen stützen sich auf die Kenntnis der Übertragungsmöglichkeiten des Myxomatoseerregers. Diese sind:

1. Insekten, deren Auftreten von Jahreszeit und Witterungseinflüssen abhängig ist, als Zwischenträger. In Mitteleuropa kommen vor allem der Kaninchenfloh *Spilopsyllus cuniculi,* in dem das Myxomvirus wochenlang infektionsfähig bleibt, und verschiedene Mückenarten in Frage, aber auch andere Ektoparasiten (Raubmilbe, Zecken u. a.). Neben Insekten können Schadnager und andere Tiere (Katzen, Vögel u. a.) als Virusträger die Ansteckung vermitteln.
2. Direkter Kontakt zwischen kranken und gesunden Kaninchen (Ansteckungsmaterial: virushaltiges Augensekret, aufgebrochene Hautgeschwüre).
3. Aufnahme von Futter (Grünfutter), das mit Myxomvirus verunreinigt ist.
4. Leblose Gegenstände (das Virus haftet an Schuhen und Kleidung, Stallgeräten und sonstigen Gebrauchsgegenständen).

a) Vorbeugende Maßnahmen:

1. Konsequente Insektenbekämpfung durch regelmäßige Anwendung von Insektenvertilgungsmitteln (Brutstätten von Mücken, wie offene Wasserbehälter und Feuchtstellen besonders beachten!). Anbringen von Fliegengaze an der Vorderfront der Käfige bei Außenhaltung bzw. an den Fenstern von

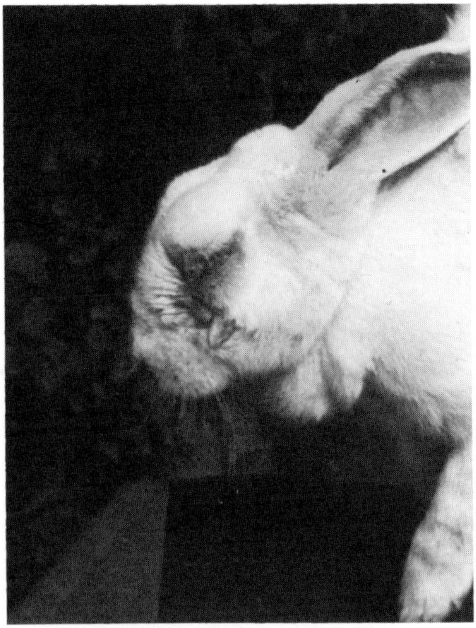

Myxomatose. Schwellung der Augenlider, Augenausfluß.

Stallgebäuden zur Verhinderung von Insektenanflug. Gleichzeitig regelmäßige Bekämpfung von Schadnagern.
In Batteriehaltungen erkranken bei einem Myxomatoseausbruch häufig zuerst die Kaninchen in der unteren Käfigreihe, was möglicherweise auf das Verhalten bestimmter, vor allem in Bodennähe fliegender Insekten zurückzuführen ist. Die Räumung der unteren Käfigreihe während eines Seuchenzuges könnte deshalb zweckmäßig sein.

2. Zweiwöchige Quarantäne neuerworbener Kaninchen in insektenfreier Umgebung.
3. Verzicht auf Grünfutter aus Gärten und von Wiesen, zu denen Wildkaninchen Zugang haben.
4. Einschränkung des Personenverkehrs zur Vermeidung der Seuchenübertragung durch Menschen (Tätowieren von Zuchttieren, Scheren von Angorakaninchen nicht durch fremde Personen vornehmen lassen). Verkauf und Tausch von Kaninchen während eines Seuchenzuges einschränken. Ausstellungen nicht beschicken.
5. Die *Schutzimpfung* als prophylaktische Maßnahme zur Bekämpfung der Myxomatose hat in den letzten Jahren durch die Entwicklung neuer Impfstoffe mit besserer Wirkung wieder an Bedeutung gewonnen und kann die seuchenhygienischen Maßnahmen sinnvoll ergänzen, sie aber nicht ersetzen.

Myxomatose. Schwellungen im Bereich des Kopfes (nach SHOOP).

Grundsätzlich sind Vakzinen, die das Shope'sche Fibromvirus oder ein attenuiertes Myxomvirus enthalten, einsetzbar. In beiden Fällen handelt es sich um Lebendimpfstoffe, deren Anwendung der Genehmigung durch die zuständigen Landesveterinärbehörden bedarf. Derzeit in Deutschland zugelassen ist der „Myxomatose-Lebendimpfstoff“ (Rhone Merieux, Laupheim), der das Fibromvirus enthält und die homologen Vakzinen „Cunivak Myxo s. c.“ und „Cunivak jet“ (beide Impfstoffwerk Dessau-Thornau). Die Vakzinen werden von den Kaninchen gut vertragen und sind bei mindestens 4 Wochen alten Tieren risikolos anwendbar. Die Impfung kann bei Kaninchen aller Altersstufen ohne Rücksicht auf physiologische Belastungen (Trächtigkeit, Säugetätigkeit, Wachstum) vorgenommen werden. Sie verleiht den Tieren einen 4–6 Monate lang anhaltenden Schutz, der etwa ab 14 Tage nach der Impfung belastbar ist. Die Vakzinen müssen subcutan bzw. intracutan verabreicht werden. Die Impfung sollte rechtzeitig vor Beginn der warmen Jahreszeit vorgenommen werden. Sie bleibt wirkungslos, wenn die Tiere latent infiziert oder bereits klinisch sichtbar erkrankt sind.

b) Bekämpfungsmaßnahmen:

1. Erkrankte Kaninchen absondern und nach Sicherstellung der Diagnose töten. Verendete Tiere unschädlich beseitigen.
2. Käfige und Stallgeräte desinfizieren.
3. Geräumte und desinfizierte Käfige 6–8 Wochen lang leer stehen lassen.

Tenazität des Erregers: Das Myxomvirus ist sehr widerstandsfähig gegenüber Austrocknung und Kälte (Vermehrungsfähigkeit bleibt monatelang erhalten), empfindlich dagegen gegenüber Erwärmung (50–60 °C). Desinfektion mit 3%iger Formalinlösung oder handelsüblichen Desinfektionsmitteln auf Formaldehydbasis.

Behandlung: Nicht möglich. Bei chronischem Krankheitsverlauf Stärkung der Abwehrkräfte des Tieres durch vollwertige Fütterung. Eventuell Vitaminstoß.

Gefahren für Tierhalter und Haustiere: Keine.

2.2.2 Hämorrhagische Krankheit der Hauskaninchen (Rabbit Viral Hemorrhagic Disease RVHD)

Die Hämorrhagische Krankheit der Hauskaninchen (RVHD) wurde erstmals 1984 in China beobachtet, trat dann 1986 in Südeuropa auf und ist seit 1988 auch in Deutschland wiederholt nachgewiesen worden. Sie hat inzwischen eine weite Verbreitung gefunden. Betroffen sind vorwiegend kleinere Zuchtkaninchenbestände, in denen die Krankheit rasch um sich greift. Die Sterblichkeit kann bis zu hundert Prozent betragen, so daß bei ihrem Auftreten in einem Bestand nicht nur wirtschaftliche Einbußen zu verzeichnen sind, sondern auch wertvolle Zuchtarbeit zunichte gemacht wird.

Die RVHD ist anzeigepflichtig!

Ursache: Calicivirus. Das Virus ist wirtsspezifisch. An RVHD erkranken Haus- und Wildkaninchen sowie Hasen. Wildkaninchen und Hasen stellen möglicherweise ein Erregerreservoir für Hauskaninchen dar.

Krankheitszeichen: Klinisches Bild und Krankheitsverlauf sind nicht einheitlich. Sie werden beeinflußt von der Virulenz des Virusstammes und der Widerstandskraft der Kaninchen. Jungkaninchen bis etwa zum Alter von 5 bis 6 Wochen erkranken in der Regel nicht.

Inkubationszeit: 1 bis 3 Tage.

Beobachtet werden drei Verlaufsformen:

a) Perakuter Verlauf: Wenig ausgeprägt. Plötzlich eintretender Tod unter Aufschreien. Erstickungskrämpfe. Austreten von blutigem Schaum aus den Nasenlöchern.
b) Akuter Verlauf: Klinische Symptome werden etwa ab dem 2. bis 4. Tag nach erfolgter Ansteckung beobachtet. Zunehmende Unruhe, später Benommen-

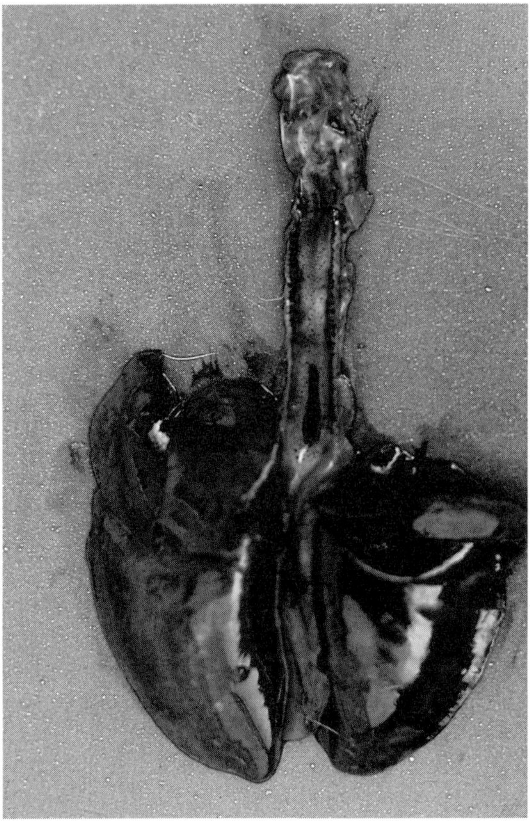

RVHD. Diffuse Blutungen in Luftröhre und Lunge. Blutiger Schaum in der Luftröhre.

heit. Atembeschwerden, Röcheln, Fieber. Eintritt des Todes in Agonie oder unter Aufschreien und Erstickungskrämpfen mit Austreten von blutigem Schaum aus den Nasenlöchern, wie beim perakuten Verlauf.

c) Milder Verlauf: Vorübergehend leichte Benommenheit, Freßunlust. Spontane Erholung innerhalb weniger Tage.

Bei der Sektion findet man neben blutverschmierten Nasenlöchern ausgedehnte Blutungen im Bereich der Atemwege (Kehlkopf, Luftröhre, Bronchien), die bei perakut oder akut verendeten Tieren in ganzer Länge mit schaumigblutigem Inhalt gefüllt sind, ferner punktförmige bis großflächige Blutungen in der Lunge. Leber, Milz und Nieren sind meist stark vergrößert, saftreich und lassen gelegentlich nekrotische Bezirke erkennen. Bei Jungtieren weist der Thymus ebenfalls punkt- oder flächenförmige Blutungen auf.

Krankheitsfeststellung: Klinisches Bild und Sektionsbefund unter Ausschluß ähnlicher, aber auf andere Ursachen zurückgehende Erkrankungen (Pasteurellose und andere septikämisch verlaufende Infektionen, Hitzschlag).

Sicherung der Diagnose durch den Erreger- oder Antigennachweis (Labor). Bestandskontrolle durch Antikörpernachweis mittels des HAH- oder ELISA-Tests (Labor).

Vorbeugung und Bekämpfung: Da die RVHD anzeigepflichtig ist, sind bestimmte Maßnahmen zu ihrer Bekämpfung aufgrund tierseuchenrechtlicher Bestimmungen vorgegeben. Ansonsten lassen sich Vorkehrungen zur Krankheitsabwendung ableiten aus der Kenntnis der Erregerübertragung, die nach dem derzeitigen Wissen möglich ist durch:

1. Direkten Kontakt zwischen kranken und gesunden Kaninchen (Ansteckungsmaterial: Speichel, Nasen- und Augensekret, Blut, Harn).
2. Leblose Gegenstände (das Virus haftet an Schuhen und Kleidung, Stallgeräten und sonstigen Gebrauchsgegenständen).
3. Insekten (Fliegen, Mücken u.a.) als Zwischenträger, deren Auftreten von Jahreszeit und Witterungsverhältnissen abhängig ist.
4. Aufnahme von Futter (Grünfutter), das mit dem RVHD-Virus verunreinigt ist.

a) Vorbeugende Maßnahmen:

1. Zukauf von Tieren nur aus bekannten, RVHD-freien Beständen. Zweiwöchige Quarantäne neuerworbener Kaninchen.
2. Einschränkung des Personenverkehrs zur Vermeidung der Seuchenübertragung durch Menschen. Verkauf und Tausch von Kaninchen während eines Seuchenzuges einschränken, Ausstellungen nicht beschicken.
3. Konsequente Insektenbekämpfung und Verhinderung von Insektenanflug (Fliegengaze).
4. Verzicht auf Grünfutter aus Gärten und von Wiesen, zu denen Wildkaninchen Zugang haben.
5. Schutzimpfung, die als prophylaktische Maßnahme zur Bekämpfung der RVHD durch die Entwicklung wirksamer Impfstoffe an Bedeutung gewonnen hat. Sie ist wirkungsvoller als die genannten bestandshygienischen Maßnahmen, kann diese aber nicht ersetzen.

   In Deutschland sind derzeit folgende Vakzinen zugelassen: „Arvilap", „CUNIVAK RHD" und „RIKA-VACC", die inaktiviertes RHD-Virus enthalten.

   Die Vakzinen werden gut vertragen und bei Kaninchen ab einem Alter von 6 Wochen eingesetzt. Sie sind intramuskulär oder subcutan zu verabreichen und verleihen den Tieren einen 9 bis 12 Monate lang andauernden Schutz.

Die Impfdosis beträgt 0,5 oder 1,0 ml.

Die Impfung bleibt wirkungslos, wenn die Tiere latent infiziert oder bereits klinisch sichtbar erkrankt sind.

Geimpfte Kaninchen dürfen frühestens 10 Tage nach der Vakzination geschlachtet werden.

b) Bekämpfungsmaßnahmen:

1. Tötung und unschädliche Beseitigung kranker und seuchenverdächtiger Tiere.
2. Reinigung und Desinfektion von Käfigen und Stallgeräten.
3. Impfung der im Bestand verbleibenden Tiere.

Zur Vermeidung einer Seuchenausbreitung im Zusammenhang mit Ausstellungen und ähnlichen Veranstaltungen sind spezielle Maßnahmen (amtstierärztliche Überwachung, Impfpflicht für Ausstellungstiere u. a.) vorgesehen.

Tenezität des Erregers: Noch weitgehend unbekannt. Empfindlich gegenüber Erwärmung (50–60 °C). Desinfektion durch Abflämmen oder mit dreiprozentiger Formalinlösung bzw. handelsüblichen Desinfektionsmitteln auf Formaldehydbasis.

Behandlung: Nicht möglich.

Gefahren für Tierhalter und Haustiere: Keine.

2.2.3 Fibromatose

Eine besonders beim amerikanischen Baumwollschwanzkaninchen (Sylvilagus floridanus) vorkommende, in der Regel gutartig verlaufende Krankheit, die in Europa bisher nur selten beobachtet wurde.

Ursache: Fibromvirus (Shope). Wegen enger Verwandtschaft zum Myxomvirus zur Herstellung von Myxomatoseimpfstoffen geeignet.

Krankheitszeichen: Auftreten von knotenförmigen, bis hühnereigroßen, derben oder speckigen Gebilden in der Unterhaut, die sich zum Teil erst nach Monaten wieder zurückbilden. Bevorzugter Sitz der Knoten: Extremitäten und Augen. Bei Jungtieren kann eine tödlich verlaufende Generalisation eintreten.

Krankheitsfeststellung: Klinisches Bild unter Berücksichtigung des Krankheitsverlaufes und Ausschluß der Myxomatose und der Papillomatose. Im Zweifelsfall Gewebeuntersuchung oder Virusnachweis (Labor).

Vorbeugung und Bekämpfung: Da der Erreger ähnlich wie das Myxomvirus durch Insekten übertragen wird, ist Schutz vor Insektenanflug die wirksamste prophylaktische Maßnahme.

Behandlung: Nicht möglich.

Gefahren für Tierhalter und Haustiere: Keine.

2.2.4 *Papillomatose*

Eine beim amerikanischen Baumwollschwanzkaninchen vorkommende, in der Regel gutartig verlaufende Krankheit, die auf europäische Kaninchen übertragbar ist, in Europa aber bisher nur selten beobachtet wurde.
Ursache: Papillomvirus (Shope).
Krankheitszeichen: Auftreten von erbsen- bis bohnengroßen Geschwülsten (Warzen) auf der Schleimhaut der Mundhöhle oder auf der wenig behaarten Haut. Es handelt sich um gutartige, langsam wachsende Hauttumore, aus denen sich aber spontan bösartige Geschwülste entwickeln können. Bevorzugter Sitz der Papillome: Mundhöhle, Kopf, Bauch, Schenkel, Milchdrüse.
Krankheitsfeststellung: Klinisches Bild unter Berücksichtigung des Krankheitsverlaufs und Ausschluß der Myxomatose und der Fibromatose. Im Zweifelsfall Gewebeuntersuchung oder Virusnachweis (Labor).
Vorbeugung und Bekämpfung: Da der Erreger ähnlich wie das Myxomvirus durch Insekten übertragen wird, ist Schutz vor Insektenanflug die wirksamste prophylaktische Maßnahme.
Behandlung: Nicht möglich. In der Regel spontane Abheilung der Papillome nach mehrwöchigem Bestehen.
Gefahren für Tierhalter und Haustiere: Keine.

2.2.5 *Kaninchenpocken*

Eine bisher selten beobachtete, verlustreiche Seuche.
Ursache: Kaninchenpockenvirus.
Krankheitszeichen: Krankheitsbild und -verlauf sind nicht einheitlich. Inkubationszeit: 4–14 Tage. Akut erkrankte Tiere zeigen Störungen des Allgemeinbefindens (Abgeschlagenheit, Appetitlosigkeit, Entkräftung). Typisch ist die Schwellung der Lymphknoten, besonders derjenigen in der Leistengegend, sowie das Auftreten von Papeln und Pusteln im Kopfbereich (Ohren, Augenlider, Mundhöhle, Lippen), am Rumpf und an den Geschlechtsteilen. Meist besteht auch schleimig-eitriger oder blutig-seröser Nasenausfluß. Krankheitsdauer: 3–7 Tage. Säugende und tragende Häsinnen zeigen das schwerste Krankheitsbild. Die Sterblichkeitsrate ist sehr hoch.

Bei der Sektion findet man neben den Haut- und Schleimhautveränderungen eine starke Schwellung von Leber und Milz, die zudem zahlreiche grauweiße Knötchen aufweisen. Ähnliche herdförmige Gewebeveränderungen sind häufig auch noch in anderen Organen (Lunge, Hoden, Uterus u. a.) anzutreffen.
Krankheitsfeststellung: Klinisches Bild und Sektionsbefund. Im Zweifelsfall Erregernachweis (Labor).

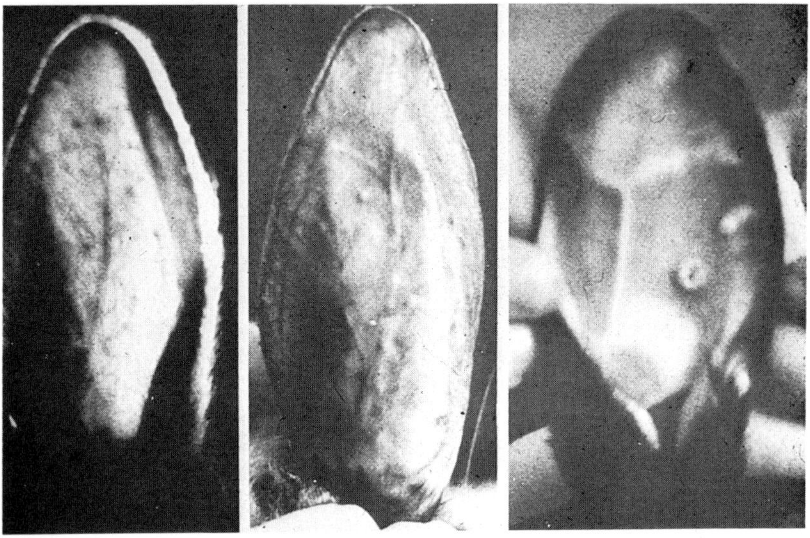

Kaninchenpocken. Ohrmuscheln mit Papeln und Pusteln (nach GREENE).

Vorbeugung und Bekämpfung: Spezielle Empfehlungen können nicht gegeben werden. Bei akutem Infektionsrisiko Schutzimpfung mit Kuhpocken-Vakzine.

Beim Auftreten der Seuche Isolierung bzw. Tötung erkrankter Tiere. Anschließend gründliche Reinigung und Desinfektion.

Behandlung: Nicht möglich.

Gefahren für Tierhalter und Haustiere: Keine, trotz enger Verwandtschaft des Kaninchenpockenvirus zum Erreger der Pocken des Menschen.

2.2.6 Tollwut

Die gefährlichste der auf Mensch und Tier übertragbaren Krankheiten. Sie wird durch den Biß eines tollwütigen Tieres übertragen und führt im Erkrankungsfall ausnahmslos zum Tode. Eine Behandlung ist nicht möglich. Die Diagnose ergibt sich aus dem Nachweis von spezifischen Veränderungen im Gehirn des betroffenen Tieres (Labor). Tollwutverdächtige klinische Symptome sind verändertes Benehmen des Kaninchens (Unruhe, Erregungszustände), ferner Speichelfluß, Atem- und Schluckbeschwerden.

Die Tollwut ist bei Hauskaninchen bisher nur selten beobachtet worden. Kaninchen in Außenhaltungen sind bedroht, wenn tollwütige Wildtiere (Marder, Iltis, Fuchs) in diese eindringen können. Besteht bei Kaninchen Tollwutverdacht oder läßt ein Einbruch von Füchsen, Hunden oder anderen Tieren in die Stallanlage auf Tollwut bei diesen Tieren schließen, ist sofort die zuständige Behörde (Amtstierarzt, Kreisverwaltung) zu benachrichtigen.

2.2.7 Bornasche Krankheit

Bei Hauskaninchen bisher nur selten beobachtet. Sie trat in Gegenden, in denen auch Pferde und Schafe erkrankt waren, auf, so daß eine Übertragung des Erregers durch Insekten oder Schadnager vermutet wird.

Das klinische Bild ist gekennzeichnet durch Bewegungs- und Gleichgewichtsstörungen (Kreisbewegungen, Zurückbiegen des Kopfes, Lähmungen). Eine Behandlung ist nicht möglich. Kranke und verdächtige Kaninchen sollten getötet werden. Anschließend gründliche Reinigung und Desinfektion.

2.2.8 Stomatitis vesiculosa (Ansteckender Speichelfluß)

Virusbedingte Mundschleimhautentzündung mit Bildung von Knötchen bzw. Bläschen an Lippen, Zunge und Gaumen. Das klinische Bild ist gekennzeichnet durch in der Stärke zunehmenden Speichelfluß (Folge: Unterkiefer, Hals, Brust und Pfoten feucht und verklebt), Freßunlust, Teilnahmslosigkeit. Die Tiere magern ab und gehen schließlich an Entkräftung ein (s. Abb. S. 54).

Sekundäre bakterielle Infektionen komplizieren das Krankheitsgeschehen und können ausgedehnten und tiefgreifenden Gewebszerfall (Nekrosen) an Lippen und Mundschleimhaut veranlassen.

Krankheitsfeststellung aufgrund des klinischen Bildes unter Ausschluß ähnlicher, aber auf andere Ursachen (Gebißanomalien, Nekrobazillose, Vergiftungen durch ätzende Substanzen, Giftpflanzen) zurückgehende Erkrankungen.

Eine spezifische Behandlung ist nicht möglich. Bei gesicherter Diagnose kranke Tiere töten. Käfige bzw. Buchten gründlich reinigen und desinfizieren (Natronlauge, formaldehydhaltige Desinfektionsmittel).

Bei wertvollen Zuchttieren kann eine symptomatische *Behandlung* versucht werden: Entzündete Stellen nach Lösung von Borken mit adstringierenden, desinfizierenden Tinkturen betupfen. Gleichzeitig Antibiotika zur Unterdrükkung bakterieller Begleitinfektionen verabreichen. Nachbehandlung mit Wundpuder.

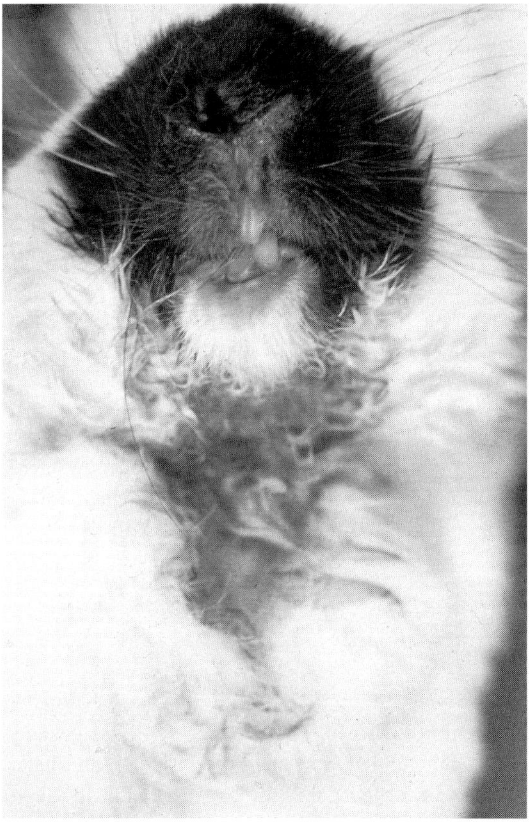

Stomatitis. Fellnässen infolge starken Speichelflusses.

2.3 Durch Pilze verursachte Krankheiten

Mykosen sind ansteckende Krankheiten, die durch pathogene Pilze (mikroskopisch kleine, sporenbildende einzellige Lebewesen) verursacht werden. Die Pilze siedeln sich entweder in der Haut und ihren Anhangsgebilden (Haarfollikel, Haare) an, wobei die Infektion auf dieses Organ beschränkt bleibt *(Dermatomykose)*, oder sie gelangen über die Atmungs- oder Verdauungswege in den Organismus und rufen in den verschiedensten inneren Organen entzündliche Prozesse hervor *(Systemmykose)*. Bei bestimmten Pilzarten genügt die Aufnahme von Stoffwechselprodukten (Toxine) mit der Nahrung, um Krankheitserscheinungen zu verursachen *(Mykotoxikose)*.

Pilzerkrankungen werden in Kaninchenhaltungen seit einiger Zeit häufiger als früher beobachtet.

2.3.1 *Dermatomykosen (Hautpilzerkrankungen)*

Durch Hautpilze verursachte Erkrankungen kommen in hygienisch einwandfrei geführten Haltungen nur gelegentlich vor, bei Mängeln in der Haltungs- und Fütterungshygiene können sie jedoch enzootisch auftreten und wirtschaftliche Bedeutung erlangen. Jungtiere erkranken allgemein eher als Alttiere.

Hautpilzerkrankungen sind für den Kaninchenzüchter bedeutungsvoll, weil kranke Tiere wegen der Ansteckungsgefahr nicht auf Ausstellungen gezeigt werden können und vom Deckgeschäft auszuschließen sind. Das Fell erkrankter Tiere ist für die Fellverarbeitung wertlos.

2.3.1.1 *Trichophytie (Favus, Grind, Ringflechte)*

Ursache: Trichophyton mentagrophytes, seltener Microsporum gypseum (andere Pilzarten sind für das Kaninchen nicht pathogen).
Krankheitszeichen: Hautpilzerkrankungen beginnen in der Regel im Bereich des Kopfes und der Ohren. Es bilden sich etwa 1–4 Wochen, gelegentlich auch noch später, nach erfolgter Ansteckung innerhalb kurzer Zeit rötlich erscheinende Hautanschwellungen, die einschmelzen und eine weiße bis gelbliche Kruste bilden. Die veränderten Hautstellen sind meist rund, haarlos und zeigen die Anzeichen einer entzündlichen Reaktion. Sie breiten sich allmählich auf andere Körperteile (Läufe, Rücken) aus. Da Juckreiz besteht, neigen die Tiere dazu, befallene Körperpartien zu belecken und zu benagen. Bei zusätzlicher Besiedlung der Haarfollikel mit Bakterien ist Abszeßbildung möglich. Starker Hautpilzbefall bewirkt Störung des Allgemeinbefindens, Wachstumsdepression und erhöhte Sterblichkeit, besonders bei Jungtieren. In einem befallenen Bestand breitet sich die Trichophytie rasch aus.
Krankheitsfeststellung: Klinischer Befund unter Berücksichtigung des Krankheitsverlaufes am Einzeltier und am Gesamtbestand sowie unter Ausschluß ähnlicher, jedoch auf andere Ursachen zurückgehende Krankheitsbilder (Tab. 4 auf Seite 88). Die klinische Diagnose ist durch den Nachweis der Pilze in Hautgeschabseln und Haarproben zu sichern. Hautgeschabsel sind von den Randpartien der erkrankten Hautstellen zu entnehmen; sie werden in 10%iger Kalilauge aufgelöst und mikroskopisch untersucht.

Da Kaninchen auch symptomlos Träger von Hautpilzen sein können, kommt dem im Labor geführten Nachweis von Pilzformen in den Epithelzellen (mikroskopische oder histologische Untersuchung) bei der Krankheitsfeststellung eine besondere Bedeutung zu.
Vorbeugung und Bekämpfung: Neuzugänge auf Hautveränderungen untersuchen und mindestens 4 Wochen lang in Quarantäne halten. Krankheitsverdäch-

tige und erkrankte Tiere vom übrigen Bestand trennen und einstreulos in gut zu desinfizierenden Käfigen halten. Kranke Tiere immer zuletzt versorgen.

Um eine Ausbreitung der Infektion innerhalb eines Bestandes zu vermeiden, sollte bei Einzelerkrankungen die Ausmerzung der befallenen Tiere erwogen werden. Käfige, Buchten, Stallräume und Geräte regelmäßig reinigen und desinfizieren. Stallklima optimal gestalten (in feuchtwarmen, schlecht durchlüfteten Ställen breiten sich Hautpilzerkrankungen rasch aus).

Tenazität des Erregers: Die Sporen der Hautpilze sind sehr widerstandsfähig und monatelang ansteckungsfähig, besonders dann, wenn sie in Borkenmassen eingeschlossen sind. Desinfektion der Käfige und Geräte mit 3%iger Formalinlösung oder handelsüblichen Desinfektionsmitteln auf Formaldehydbasis.

Behandlung: Sinnvoll nur bei gesicherter Diagnose.

a) *Allgemein:* Verabreichung eines wirksamen Antimykotikums (meist Griseofulvin) über das Futter mehrere Wochen lang. Tägliche Dosis 25 mg Reinsubstanz je kg Körpergewicht.

b) *Örtlich:* Befallsstellen durch Abscheren der Haare freilegen und mit 10%iger Salycinsalbe, Jodtinktur oder mit einem Antimykotikum (Salbe, Tinktur, Puder, Spray) behandeln. Borken und Krusten durch Sodawasser (10 %) oder Seifenlauge lösen. Frische Wunden mit alkoholischen Tinkturen, Antibiotikalösungen und antimykotischen Präparaten behandeln.

Gefahren für Tierhalter und Haustiere: Die Erreger von Dermatomykosen der Kaninchen sind auch für andere Tierarten sowie für den Menschen pathogen. Sie rufen beim Menschen zum Teil schwere und langwierige Hautinfektionen hervor. Beim Umgang mit erkrankten Tieren und bei Reinigungsarbeiten, z.B. Entfernen der Einstreu, ist deshalb besondere Vorsicht geboten. Im Falle einer Erkrankung sofort einen Hautarzt aufsuchen!

2.3.2 Systemmykosen (innere Pilzkrankheiten)

Kaninchen sind gegenüber den Erregern von Systemmykosen sehr widerstandsfähig, so daß solche Erkrankungen nur selten beobachtet werden. Die Infektion kommt in der Regel nur zum Haften, wenn die Tiere in ihrer Abwehrkraft geschwächt sind.

2.3.2.1 Aspergillose (Lungenmykose)

Ursache: Aspergillus fumigatus, gelegentlich A. niger. Die Ansteckung mit Pilzsporen erfolgt über die Atemwege oder bei Aufnahme von verpilztem Futter über den Verdauungskanal.

Krankheitszeichen: Bei meist schleichendem Krankheitsverlauf zeigen die Tiere Atembeschwerden, Niesen, Husten, gelegentlich Nasenausfluß, zunehmende Schwäche, Durchfall und Abmagerung. Bei der Sektion findet man in der Lunge stecknadelkopf- bis erbsengroße, grauweiße oder gelbliche Knötchen, die denen ähneln, die bei bakteriellen Infektionen (z. B. Tuberkulose, Pseudotuberkulose, Tularämie u. a.) zu beobachten sind. Bei starker Ausbreitung treten schwarzbraune oder grüne Schimmelrasen in oder auf den Organen zutage.
Krankheitsfeststellung: Sie bereitet keine Schwierigkeit, wenn Schimmelrasen vorhanden ist, sonst Nachweis von Pilzhyphen in den Knötchen (Labor).
Vorbeugung und Bekämpfung: Schimmelpilze halten und vermehren sich besonders in feucht-warmen, schlecht durchlüfteten Stallungen sowie in unsachgemäß gelagertem Futter und in Sägespäneeinstreu. Futter und Einstreumaterial (Stroh, Sägespäne, Heu) deshalb trocken und luftig lagern. Allgemeine Widerstandsfähigkeit der Tiere durch Verabreichung von frischem, vitaminreichem Futter stärken.

Bei Feststellung von Lungenmykose Einstreu entfernen. Tiere mit Atembeschwerden ausmerzen. Käfige, Stallräume und Geräte reinigen und desinfizieren. Stallklima optimal gestalten.
Tenazität des Erregers: Die Sporen von A. fumigatus sind sehr widerstandsfähig und können monate- bis jahrelang lebensfähig bleiben. Desinfektion mit 3%iger Formalinlösung oder handelsüblichen Desinfektionsmitteln auf Formaldehydbasis.
Behandlung: Wenig aussrichtsreich und bei schwer erkrankten Tieren in fortgeschrittenem Stadium aussichtslos.
Gefahren für Tierhalter und Haustiere: Ansteckungsgefahr durch erkrankte Kaninchen besteht nicht.

2.3.3 Mykotoxikosen (Schimmelpilzintoxikationen)

Vergiftungen nach Verabreichung von verschimmeltem Futter werden beim Kaninchen selten beobachtet. Zwar lassen sich im Kaninchenfutter gelegentlich toxinbildende Schimmelpilzarten (Aspergillus- und Fusariumarten) nachweisen, spontane Erkrankungen treten jedoch kaum auf, da das Kaninchen relativ widerstandsfähig gegenüber Pilztoxinen ist.

Von der Verfütterung durch unsachgemäße Lagerung stark verpilzter Futterstoffe ist generell jedoch abzuraten.

2.4 Durch Parasiten verursachte Krankheiten

Parasiten (Schmarotzer) sind Lebewesen, die vorübergehend oder ständig andere Lebewesen als Lebensraum und Nahrungsquelle ausnutzen. Dabei fügen sie dem Wirt in unterschiedlicher Weise direkt oder indirekt Schaden zu. Die Schadwirkung richtet sich nach der Art des Schmarotzers, der Befallsstärke sowie dem Alter und der Konstitution des befallenen Tieres. Klinische Erkrankungen entwickeln sich besonders bei konstitutionsschwachen Kaninchen und nach Minderung der Abwehrkraft des Wirtes, z. B. durch Mangelernährung, ungünstige klimatische Einflüsse und andere Streßfaktoren, wie andererseits ein starker Parasitenbefall zum Zusammenbruch der Widerstandsfähigkeit eines Tieres führen kann, wodurch der Ausbruch von Infektionskrankheiten begünstigt wird. Parasiten können direkt von Tier zu Tier oder über Zwischenwirte und leblose Zwischenträger (Käfige, Geräte u. a.) übertragen werden.

Nach dem von den Parasiten bevorzugten Sitz im befallenen Wirtsorganismus unterscheidet man zwischen Endoparasiten (leben im Inneren des Wirtes, z. B. im Darm) und Ektoparasiten (leben auf oder in der Haut des Wirtes).

Bei Kaninchen kommen sowohl Endo- als auch Ektoparasiten als Schadensverursacher vor.

2.4.1 Endoparasiten

Die beim Kaninchen vorkommenden Endoparasiten gehören den Protozoen (Kokzidien, Toxoplasmen) und den Würmern (Saugwürmer, Bandwürmer, Rundwürmer u. a.) an.

2.4.1.1 Protozoen

Protozoen sind einzellige Lebewesen, die in den Epithelzellen der Darmwand und der Gallengänge (Kokzidien) bzw. in Muskel-, Nerven- oder Parenchymzellen (Toxoplasmen, Sarcocysten) parasitieren.

2.4.1.1.1 Darmkokzidiose

Ein Befall mit Darmkokzidien wird bei Kaninchen, die auf Einstreu gehalten werden, häufig angetroffen. Er begünstigt die Entwicklung von bakteriellen Darminfektionen, die besonders bei Jungkaninchen hohe Verluste fordern.

Die Ansteckung erfolgt durch Aufnahme infektionsfähiger Oozysten mit verunreinigtem Futter und Wasser, unsauberer Einstreu oder Kot. Der weiche Blinddarmkot, den Kaninchen direkt vom After aufnehmen (Zökotrophe) enthält keine infektionsfähigen Oozysten und kann die Infektion somit nicht vermitteln.

Ursache: Eimeria magna bzw. Eimeria perforans, seltener E. irresidua, E. media u.a. Eimeriaarten. Meist kommen mehrere Arten gleichzeitig vor.

Der Entwicklungszyklus der Kokzidien ist kompliziert und läuft in drei Phasen ab. Mit dem Kot befallener Tiere werden die Dauerformen der Kokzidien, die sog. „Oozysten“ ausgeschieden. In ihnen entwickeln sich infektionsfähige „Sporozoiten“. Diese Oozystenreifung findet außerhalb des Tierkörpers im Freien statt und setzt eine bestimmte Temperatur (zwischen 2 und 38 °C), Feuchtigkeit und Sauerstoffzufuhr voraus. Je nach Kokzidienart und Umweltbedingungen vollzieht sie sich innerhalb von 1 bis 3 Tagen. Durch Aufnahme sporolierter Oozysten wird die Ansteckung beim Kaninchen vermittelt. Im Darm des Tieres werden die Sporozoiten frei, dringen in die Zellen der Darmschleimhaut ein und vermehren sich auf ungeschlechtlichem Wege über mehrere Generationen hinweg, wobei ständig neue Darmzellen befallen werden. Nach Beendigung der ungeschlechtlichen Vermehrungsphase bilden sich weibliche und männliche Zellen („Gameten“), die die geschlechtliche Vermehrungsphase einleiten. Nach Befruchtung der weiblichen Zelle entsteht in ihr die „Zygote“, die sich mit einer Hülle umgibt und nun als Oozyste mit dem Kot des befallenen Kaninchens ausgeschieden wird, um im Freien zur ansteckungsfähigen, sporolierten Oozyste heranzureifen. Je nach Kokzidienart beträgt die Entwicklungszeit im Tierkörper zwischen 6 und 17 Tagen. Bei Unterbindung einer Neuaufnahme ansteckungsfähiger Oozysten erlischt eine einmalige Infektion nach 3 bis 4 Wochen.

Hauptinfektionsquelle für Jungtiere, die für Kokzidieninfektionen besonders anfällig sind, ist die Mutterhäsin. Erstinfektionen treten bei Jungkaninchen bereits 14–21 Tage nach der Geburt auf, besonders häufig aber kurz nach dem Absetzen.

Krankheitszeichen: Bei geringgradigem Befall symptomlos, sonst Freßunlust, Durchfall (breiiger oder wäßrig-schleimiger Kot), Aufblähung, Abmagerung (hervorstehende Dornfortsätze).

Bei widerstandsfähigen Tieren ist völlige Ausheilung möglich. Trotz starken Befalls und massiver Oozystenausscheidung kann die Infektion auch symptomlos verlaufen und von selbst ausheilen. Todesfälle treten in der Regel nur dann auf, wenn durch den Kokzidienbefall die Zusammensetzung der Darmflora nachhaltig gestört wird (Dysbakterie) und sich darmpathogene Bakterien ansiedeln können (siehe Dysenterie S. 37).

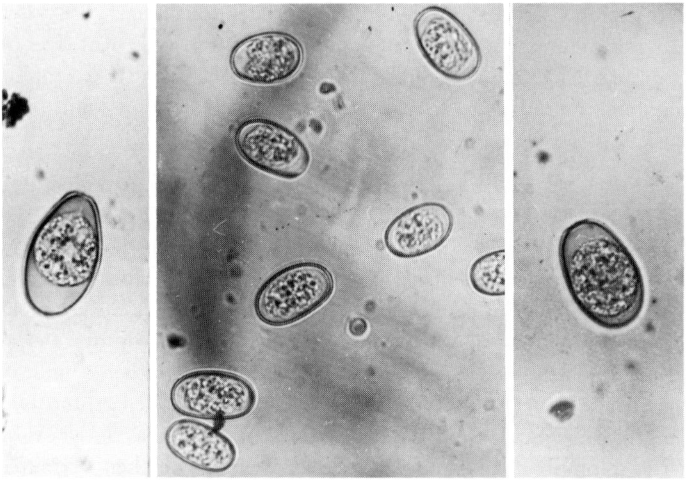

Kokzidienoozysten in frischem Kot.
Von links nach rechts: Eimeria stiedae, Eimeria perforans und Eimeria magna.

Die Sektion ergibt eine herdförmige oder diffuse Entzündung der Dünndarmschleimhaut (Schwellung, Rötung) mit gelegentlich nekrotischen Bezirken.
Krankheitsfeststellung: Nachweis der Kokzidienoozysten im Darmgewebe (Labor) und Darminhalt toter oder im Kot lebender Tiere.
Vorbeugung und Bekämpfung: Käfighaltung mit Drahtboden, sonst häufiger Einstreuwechsel. Sorgfältige Beachtung der Anforderungen an eine hygienische Tierhaltung. Regelmäßige Reinigung (heißes Sodawasser) und Desinfektion der Buchten zur Verringerung der Infektionsmöglichkeit. Frühzeitiges Absetzen der Jungtiere. Gehaltvolle, Vitamin-A-reiche Fütterung. Eventuell prophylaktischer Einsatz von Kokzidiostatika (s. Anhang Arzneimittel) über das Futter oder Trinkwasser.

Bei gesicherter Diagnose Absonderung kranker und krankheitsverdächtiger Tiere und deren Behandlung oder Tötung. Gründliche Reinigung und Desinfektion. Verbesserung der allgemeinen Hygienebedingungen im Stall. Eventuell Umstellung auf streulose Haltung.
Tenazität des Erregers: Kokzidienoozysten sind sehr widerstandsfähig. Desinfektion mit schwefelkohlenstoff- oder perchloräthylenhaltigen Präparaten.
Behandlung: Eine Behandlung ist möglich mit Sulfonamiden (Sulfathiazol, Sulfaquinoxalin, Sulfamethazin u.a.), die mit dem Trinkwasser oder Futter mehrere Tage lang zu verabreichen sind. Die Behandlung ist nur bei gleichzeitiger Verbesserung der hygienischen Situation im Stall erfolgreich. Zusätzliche Vitamin-A-Gaben unterstützen den Heilungsverlauf.
Gefahren für Tierhalter und Haustiere: Keine.

2.4.1.1.2 Gallengangskokzidiose (Leberkokzidiose)

Ursache: Eimeria stiedae. Entwicklungszyklus wie bei Darmkokzidien, jedoch Befall der Gallengangs- anstelle der Darmepithelien.
Krankheitszeichen: Bei geringgradigem Befall symptomlos, sonst Freßunlust, Verstopfung (selten Durchfall), Aufblähung als Folge einer gestörten Leberfunktion bzw. Blockade der Gallengänge, Abmagerung. Nach längerer Krankheitsdauer (mehrere Wochen) kann Tod eintreten. Trotz starken Befalls und massiver Oozystenausscheidung kann die Infektion auch symptomlos verlaufen und von selbst ausheilen.

Bei der Sektion findet man in der meist vergrößerten Leber grauweiße bis gelbliche Knoten unterschiedlicher Größe, die strangartig aneinandergereiht und mit breiigem oder kremig-käsigem Inhalt gefüllt sind.
Krankheitsfeststellung: Sektionsbefund und Nachweis der Oozysten in den Leberknoten toter bzw. Nachweis der Oozysten im Kot lebender Kaninchen.
Vorbeugung und Bekämpfung: Wie bei Darmkokzidiose (siehe S. 58).
Behandlung: Eine Behandlung ist möglich mit Sulfonamiden/Kokzidiostatika (Einzelbehandlung: wasserlösliche Präparate wie Sulfaquinoxalin, Sulfadimethoxin, Noccoccin u. a.), Bestandsbehandlung: Futtermedikation mit Robenidin, Salinomycin u. a.), erfolgreich jedoch nur bei gleichzeitiger Verbesserung der

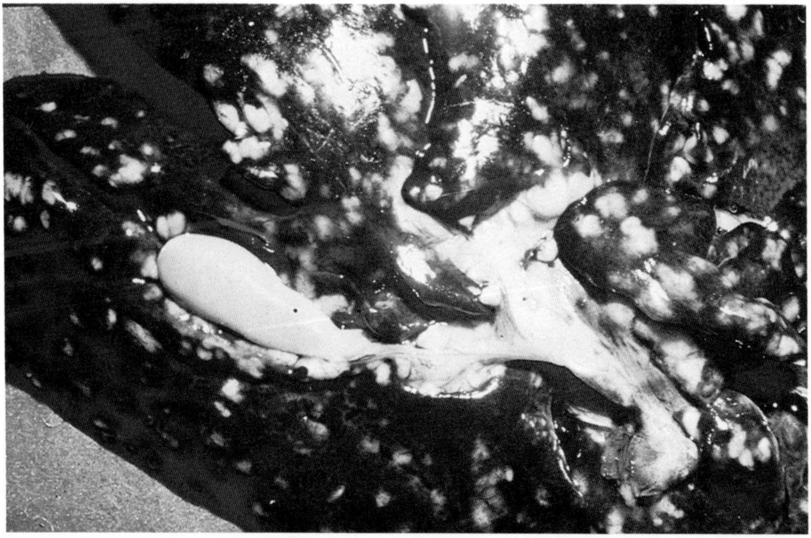

Gallengangskokzidiose. Leber mit zahlreichen gelblichen Knoten.

Tabelle 2: Übersicht über die beim Hauskaninchen vorkommenden Kokzidienarten

Kokzidienart	Form und durchschnittliche Größe der Oozysten in μm	Lokalisation	Versporungszeit in Stunden	Präpatenzzeit in Tagen	Pathogenität
E. stiedae	elliptisch-oval 37 × 20	Gallengänge der Leber	48–72	15–18	wechselnd
E. magna	eiförmig-elliptisch 35 × 24	Jejunum, Ileum	48–60	6–7	stark
E. perforans	elliptisch-oval 21 × 15	Duodenum, Jejunum	30–56	5	gering
E. irresidua	oval 38 × 26	Dünndarm	50–60	7–8	stark
E. media	oval 31 × 18	Dünndarm, Dickdarm	40–52	6–7	mäßig
E. piriformis	elliptisch-oval 29 × 18	Jejunum, Ileum	24–48	9–10	stark
E. intestinalis	elliptisch-oval 27 × 18	Ileum	24–48	10	stark
E. neoleporis	länglich-elliptisch 39 × 20	Dünndarm, Blinddarm	50–75	12	stark

hygienischen Situation im Stall. Zusätzliche Vitamin-A-Gaben unterstützen den Heilungsverlauf. Bei Verabreichung von Sulfonamiden Überdosierungen vermeiden, besonders bei trächtigen oder säugenden Häsinnen.
Gefahren für Tierhalter und Haustiere: Keine.

2.4.1.1.3 Toxoplasmose

Über Vorkommen und Verbreitung der Toxoplasmose in den Kaninchenbeständen liegen bisher keine gesicherten Angaben vor; es wird aber mit einem allgemeinen Vorkommen gerechnet. Rund ein Drittel der Tiere (örtlich unterschiedlich) soll infiziert sein; Verluste treten jedoch nur selten auf. Die Ansteckung erfolgt durch Aufnahme infektionsfähiger Oozysten (werden von Katzen mit dem Kot ausgeschieden) mit verunreinigtem Futter oder Trinkwasser. Die Toxoplasmose ist meldepflichtig.
Ursache: Toxoplasma gondii (ovale oder sichelförmige, gramnegative Einzeller). Die Toxoplasmen machen einen bestimmten Entwicklungszyklus durch, der zum Teil im Tier, zum Teil außerhalb von ihm im Freien abläuft. Ansteckungsfähig sind zwei Entwicklungsphasen, die sogenannte „sporolierte Oozyste", die sich im Freien nach 2–3 Tagen aus der Oozyste entwickelt (Oozysten werden nur im Darm von Katzen gebildet und mit dem Kot ausgeschieden), und die im Tier (außer Katze) nach Aufnahme einer sporolierten Oozyste gebildete „Zyste".
Krankheitszeichen: Meist unauffällig. Bei akutem Krankheitsverlauf Störung des Allgemeinbefindens (Mattigkeit, Freßunlust, Teilnahmslosigkeit, Atembeschwerden), Abmagerung, gelegentlich Durchfall, eventuell rhythmische Muskelkontraktionen und Lähmung der Hinterläufe. Tod nach 2–8 Tagen. Krankheitsausbrüche werden hauptsächlich während der kalten Jahreszeit beobachtet.
Krankheitsfeststellung: Nachweis der Toxoplasmen in Organausstrichen oder Körperflüssigkeiten, eventuell Tierversuch. Beim lebenden Tier durch serologische Verfahren (Labor).
Vorbeugung und Bekämpfung: Verunreinigung von Futter und Wasser mit Kot von Katzen vermeiden. Katzen von Kaninchenhaltungen fernhalten.

Bei gesicherter Diagnose Tötung kranker und krankheitsverdächtiger Kaninchen und deren unschädliche Beseitigung (nicht an Hunde verfüttern!). Reinigung und Desinfektion. Serologisch positiv reagierende Kaninchen von der Nachzucht ausschließen.
Behandlung: Eine Behandlung mit Antibiotika oder Sulfonamiden ist zwar möglich, aber nicht sinnvoll.
Gefahren für Tierhalter und Haustiere: Die Toxoplasmose ist auf Haustiere (Hund, Katze u. a.) und auf den Menschen übertragbar. Beim Menschen ent-

wickeln sich unterschiedliche Krankheitsbilder mit charakteristischen Symptomen (Fieber, schmerzhafte Lymphknotenschwellung am Hals, in der Achsel- und Leistengegend, zentralnervöse Störungen u.a.) oder unbestimmte „grippeähnliche" Erscheinungen.

Während einer Schwangerschaft ist eine Übertragung der Erreger auf die Leibesfrucht möglich. Solche Infektionen verlaufen meist tödlich oder hinterlassen schwere gesundheitliche Schäden bei den Neugeborenen. Die Ansteckung erfolgt durch Genuß zystenhaltigen rohen Fleisches von infizierten Tieren, seltener durch Aufnahme sporolierter Oozysten (von Katzen stammend) mit verunreinigten Nahrungsmitteln (z.B. Salat u.a.).

2.4.1.1.4 Encephalitozoon-Infektion

Die Encephalitozoon-Infektion ist eine chronische, gewöhnlich latent verlaufende Erkrankung, über deren Vorkommen und Verbreitung in den Kaninchenbeständen bisher keine gesicherten Angaben vorliegen, mit deren allgemeiner Verbreitung aber gerechnet wird.

Die Ansteckung erfolgt durch Aufnahme der Erreger mit verunreinigtem Futter und Wasser (der Parasit wird von infizierten Tieren mit dem Urin ausgeschieden).

Ursache: Encephalitozoon cuniculi.

Krankheitszeichen: Meist unauffällig, gelegentlich zentralnervöse Störungen (Zittern, Krämpfe, Lähmungen, Bewußtseinstrübung).

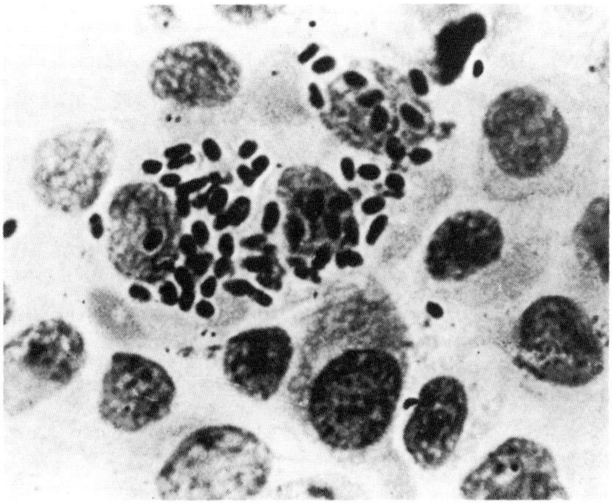

Encephalitozoon-Infektion. Niere, „Sporen-Haufen".

Bei der Sektion findet man gewöhnlich eine unterschiedlich stark ausgeprägte Nierenentzündung.
Krankheitsfeststellung: Nachweis der Protozoen in Organausstrichen von Gehirn und Niere. Beim lebenden Tier durch serologische Verfahren (Labor).
Vorbeugung und Bekämpfung: Anforderungen an eine hygienische Tierhaltung beachten.

Bei gesicherter Diagnose Tötung kranker und krankheitsverdächtiger Kaninchen und deren unschädliche Beseitigung. Gründliche Reinigung und Desinfektion.

Serologisch positiv reagierende Kaninchen von der Nachzucht ausschließen.
Behandlung: Nicht möglich.
Gefahren für Tierhalter und Haustiere: Keine.

2.4.1.1.5 Sarcocystose

Beim europäischen Hauskaninchen sehr selten, beim amerikanischen Baumwollschwanzkaninchen häufiger vorkommend.
Ursache: Sarcocystis cuniculi.
Krankheitszeichen: Bei geringgradigem Befall symptomlos, sonst Lähmungserscheinungen.

Bei der Sektion findet man in der Muskulatur weiße, schlauchartige, dickwandige, z.T. verkalkende Gebilde (Zysten), in denen sich birnenförmige Trophozoiten befinden.
Krankheitsfeststellung: Sektionsbefund und Gewebeuntersuchung (Labor).
Vorbeugung und Bekämpfung: Beachtung der allgemeinen Anforderungen an eine hygienische Tierhaltung. Schutz vor Insektenanflug.
Behandlung: Nicht bekannt.
Gefahren für Tierhalter und Haustiere: Keine.

2.4.1.2 Würmer (Helminthes)

Magen-Darmwurm-Befall kommt in hygienisch einwandfrei geführten Kaninchenhaltungen sehr selten vor und stellt kein ernsthaftes Problem dar. Bei Mängeln in der Haltungs- und Fütterungshygiene kann gelegentlich aber der ganze Bestand betroffen sein. Bei wenig widerstandsfähigen Tieren, besonders bei Jungkaninchen, kann es zum Ausbruch klinischer Erkrankungen, zum Teil mit Todesfolge, kommen. Wurmbefall schwächt, auch in symptomlosem Stadium, die Kaninchen in ihrer Widerstandskraft gegenüber Infektionserregern.

Die beim Kaninchen parasitierenden Würmer gehören zu einer der drei Gattungen: Saug-, Band- oder Rundwürmer.

Saugwürmer (Trematoda)

Trematoden sind zwittrige Plattwürmer unterschiedlicher Größe.

2.4.1.2.1 Leberegelbefall (Fasciolose)

Die Fasciolose ist eine bei Haus- und Wildwiederkäuern oft zu schweren Verlusten führende Wurmerkrankung, die während größerer Seuchenzüge gelegentlich auch in Kaninchenbeständen festzustellen ist. Die Ansteckung erfolgt durch Aufnahme encystierter Larven (Metacercarie) mit dem Futter.
Ursache: Fasciola hepatica (Großer Leberegel), 2–3 cm langer, kürbiskernförmiger Saugwurm mit zapfenartig verschmälertem Vorderende. Aus den mit dem Kot befallener Tiere ausgeschiedenen Eiern (130–150 μm lang, 70–90 μm breit, goldgelb, gedeckelt) schlüpfen im Wasser nach einigen Wochen bewimperte Mirazidien, die in geeignete Zwischenwirte (meist die Zwergschlammschnecke Limnea truncatula, gelegentlich auch andere Schnecken) eindringen und sich in ihnen über mehrere Zwischenstadien zu kaulquappenähnlichen Cercarien entwickeln. Diese verlassen die Schnecken und haften sich nach Abwurf ihres Schwanzes an feuchten Pflanzen an. Durch Einkapselung entsteht aus einer Cercarie die etwa sandkorngroße Cyste (Metacercarie), die von Kaninchen mit dem Futter aufgenommen werden kann und die Ansteckung vermittelt. Nach Auflösung der Cystenmembran gelangt der Jungegel über Darm, Bauchhöhle und Leber in die Gallengänge und wird hier nach 2–3 Monaten geschlechtsreif.
Krankheitszeichen: Wenig charakteristisch. Freßunlust, Abmagerung, Mattigkeit, eventuell Durchfall, Hautödeme. Bei starkem Befall Tod nach völliger Entkräftung.

Bei der Sektion findet man eine akute Leberentzündung oder verdickte und erweiterte Gallengänge, die oft durch die Parasiten verstopft sind.
Krankheitsfeststellung: Nachweis der Parasiten im Lebergewebe oder seiner Eier in der Gallenblase. Beim lebenden Tier Nachweis der Leberegeleier im Kot.
Vorbeugung und Bekämpfung: Verzicht auf Grünfutter von feuchten, sumpfigen Wiesen, besonders in „Leberegeljahren“ und in Gebieten, in denen Rinder- und Schafherden verseucht sind.

Bei gesicherter Diagnose kranke Tiere töten und unschädlich beseitigen. Einstreu entfernen, Buchten gründlich reinigen. Eventuell Umstellung auf Trokkenfütterung.

Behandlung: Nicht ratsam.
Gefahren für Tierhalter und Haustiere: Übertragung auf Wiederkäuer (Rind, Schaf) möglich, deshalb Futterflächen nicht mit Kaninchenmist düngen.

4.1.2.2 Lanzettegelbefall (Dikrozöliose)

Der Kleine Leberegel *Dicrocoelium lanceatum* ist für Hauskaninchen ohne große Bedeutung. Der Befall verläuft in der Regel symptomlos. Eine Behandlung ist nicht notwendig. Als wirksamste vorbeugende Maßnahme ist der Verzicht auf Grünfutter von Wiesen, die von Schafen begangen werden, zu nennen.

Bandwürmer (Cestoda)

Cestoden sind unterschiedlich lange, in Kopf (Scolex) und Glieder (Proglottiden) unterteilte Würmer. Die Ansteckung erfolgt durch Aufnahme infektionsfähiger Finnen (Cysticercoide) mit dem Futter.

2.4.1.2.3 Bandwurmbefall

Ursache: Cittotaenia ctenoides (bis 80 cm lang, 10 mm breit, Kopf mit vier Saugnäpfen und breitem Hals), gelegentlich andere Arten (C. pectinata, C. dentriculata u. a.).

Aus den mit dem Kot befallener Kaninchen ausgeschiedenen Eiern (rund, 60–65 µm groß) entwickeln sich nach Aufnahme durch geeignete Zwischenwirte (meist Moosmilben) in ihnen schwanztragende Finnen. Wird eine solche invadierte Moosmilbe von einem Kaninchen mit dem Futter aufgenommen, so wird die Finne im Magen-Darm-Kanal frei und reift in 6–7 Wochen zum neuen Bandwurm heran.

Krankheitszeichen: Bei geringgradigem Befall symptomlos, sonst Abmagerung, Blutarmut, Bauchwassersucht, manchmal Verstopfung durch Wurmknäuel, eventuell Lähmungen oder Krampfzustände. Nach längerer Krankheitsdauer kann Tod durch Erschöpfung eintreten.

Bei der Sektion findet man Anzeichen eines akuten oder chronischen Darmkatarrhs (Rötung, Schwellung der Darmschleimhaut), nach Darmdurchbruch auch eine Bauchfellentzündung.

Krankheitsfeststellung: Nachweis parasitärer Formen (Würmer, einzelne Wurmglieder, Eier) im Darm toter bzw. im Kot lebender Kaninchen.

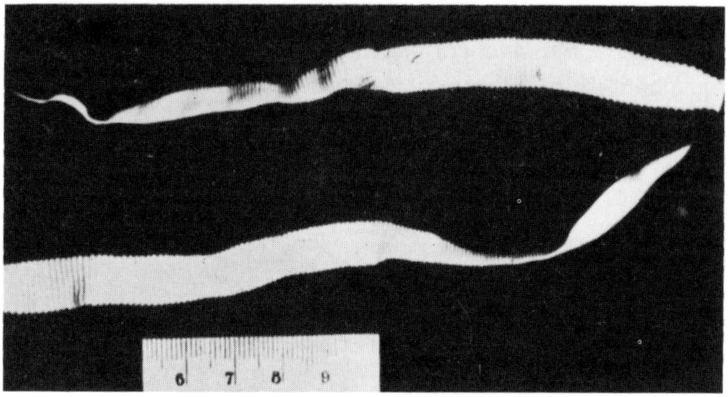

Gliederketten von Cittotaenia ctenoides.

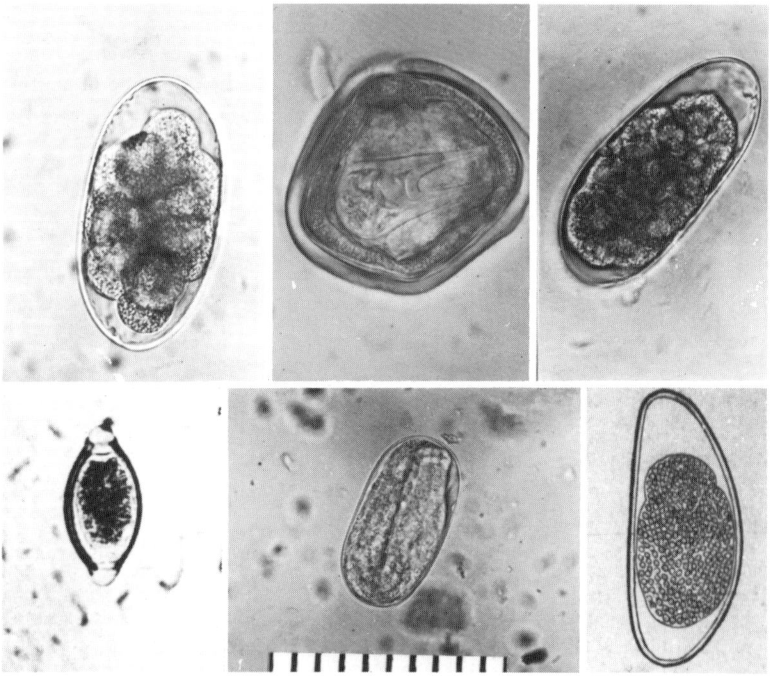

Wurmeier aus frischem Kaninchenkot. Obere Reihe von links nach rechts: Magenwurm (Graphidium strigosum), Bandwurm (Cittotaenia ctenoides), Darmfadenwurm (Trichostrongylus retortaeformis). Untere Reihe von links nach rechts: Peitschenwurm (Trichuris leporis), Zwergfadenwurm (Strongyloides papillosus), Pfriemenschwanz (Passalurus ambiguus).
1 Teilstrich = 10 µm (1 µm = $1/1000$ mm).

Vorbeugung und Bekämpfung: Verzicht auf Grünfutter von Wiesen, zu denen Wildkaninchen und Hasen Zugang haben. Futterflächen nicht mit Kaninchenmist düngen. Einstreu häufig wechseln.

Bei gesicherter Diagnose Tötung der betroffenen Kaninchen. Gründliche Reinigung und Desinfektion mit schwefelkohlenstoffhaltigen Präparaten.

Behandlung: Eine Behandlung mit Bandwurmmitteln (z. B. Yomesan) ist möglich, aber nicht empfehlenswert.

2.4.1.2.4 Finnenbefall

Finnen sind Larvenstadien von Bandwürmern, die sich nach Aufnahme infektionsfähiger Eier im Zwischenwirt bilden. Die Ansteckung erfolgt durch Aufnahme von Eiern oder Bandwurmgliedern mit verunreinigtem Futter oder Wasser.

Ursache: Cysticercus pisiformis (Finne des gesägten Hundebandwurmes Taenia pisiformis), seltener *Echinococcus hydatidosus* (Finne des kleinen Hundebandwurmes Echinococcus granulosus), *Coenurus serialis* (Finne des Hundebandwurmes Polycephalus serialis), *Coenurus cerebralis* (Finne des Hundebandwurmes Polycephalus multiceps), *Strobilocercus fasciolaris* (Finne des Katzenbandwurmes Taenia taeniaeformis).

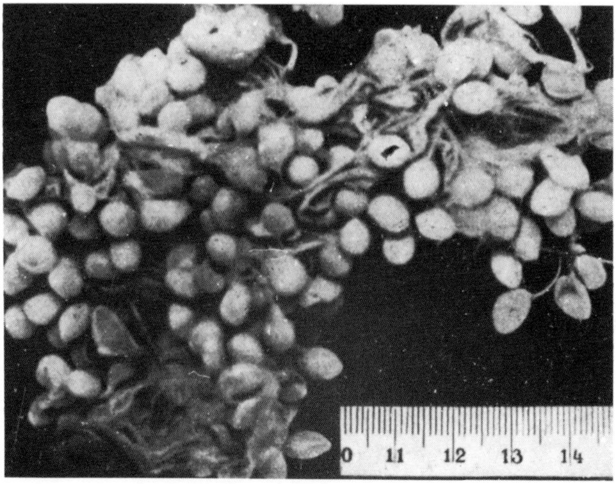

Finnenblasen von Cysticercus pisiformis am Gekröse eines Kaninchens.

Aus dem Bandwurmei schlüpft die „Onkosphäre“, welche die Darmwand des als Zwischenwirt dienenden Kaninchens durchbohrt, über Blut- oder Lymphgefäße in die Leber wandert und sich hier zur Finne entwickelt. Diese gelangt über den Blutkreislauf an ihren endgültigen Sitz im befallenen Organismus. Aus der Finne entwickelt sich nach deren Aufnahme durch den Endwirt (Hund, Katze) in diesem der neue Bandwurm.

Krankheitszeichen: Bei geringgradigem Befall symptomlos, sonst in Abhängigkeit von der Finnenart Verdauungsstörungen, Verstopfung, Abmagerung, Blutarmut, eventuell Atembeschwerden, Wassersucht (C. pisiformis, S. fasciolaris, E. hydatidosus), beulenartige Auftreibungen an Kopf, Brust und Beinen (C. serialis), Erregungszustände, Zwangs- und Kreisbewegungen, Krämpfe, plötzlicher Tod (C. cerebralis).

Bei der Sektion findet man rundliche oder gegenseitig abgeplattete, mit einer klaren Flüssigkeit gefüllte Blasen, in denen ein oder mehrere eingestülpte Bandwurmköpfe (Scolex) als weißliche Flecke durchschimmern.

Sitz der Finnen: C. pisiformis am Gekröse, im Netz, unter den serösen Häuten von Leber, Magen, Lunge, Milz, gelegentlich im Gehirn; E. hydatidosus in Leber, Lunge; C. serialis in Bindegewebe, Muskulatur; C. cerebralis in Gehirn, Rückenmark; S. fasciolaris in Leber.

Krankheitsfeststellung: Sektionsbefund und Nachweis der Parasiten. Artbestimmung aufgrund der Besonderheiten am Kopf der Finne.

Vorbeugung und Bekämpfung: Hunde und Katzen von Kaninchenställen fernhalten, sonst regelmäßig auf Bandwurmbefall untersuchen und gegebenenfalls behandeln lassen. Verunreinigung von Futtermitteln durch Kot von Hunden und Katzen verhindern.

Bei gesicherter Diagnose Tötung kranker Kaninchen und unschädliche Beseitigung finniger Körperteile. Einstreu entfernen. Buchten gründlich reinigen und mit schwefelkohlenstoffhaltigen Präparaten desinfizieren. Eventuell Umstellung auf Trockenfütterung und einstreulose Haltung.

Behandlung: Möglich (z. B. Albendazol), aber nicht empfehlenswert.

Gefahren für Tierhalter und Haustiere: Übertragung auf Hunde bzw. Katzen möglich (finnige Körperteile geschlachteter Kaninchen nicht verfüttern!).

Sonstige Magen-Darm-Würmer (Nematoda)

Nematoden sind ungegliederte, getrennt geschlechtliche, meist fadenförmig gestreckte Würmer.

Die Ansteckung erfolgt durch Aufnahme von Wurmeiern oder Larven mit verunreinigtem Futter oder Wasser.

2.4.1.2.5 Rundwurmbefall

Ursache: Magenwurm (Graphidium strigosum), Dünndarmwürmer (Trichostrongylus retortaeformis u. a.), Pfriemenschwanz (Passalurus ambiguus), Peitschenwurm (Trichuris leporis), Zwergfadenwurm (Strongyloides papillosus).
Krankheitszeichen: Bei geringgradigem Befall symptomlos, sonst Abmagerung, Verstopfung oder Durchfall, Blutarmut, Kräfteschwund trotz guter Futteraufnahme, gelegentlich Juckreiz in der Analgegend.

Bei der Sektion findet man Anzeichen eines akuten oder chronischen Darmkatarrhs (Rötung, Schwellung der Darmschleimhaut).
Krankheitsfeststellung: Sektionsbefund und Nachweis von Würmern oder deren Eier im Darm toter bzw. von Wurmeiern im Kot lebender Kaninchen.
Vorbeugung und Bekämpfung: Quarantäne bei Neueinstallungen (Kotuntersuchung!). Käfighaltung mit Drahtboden, sonst häufiger Einstreuwechsel.

Bei gesicherter Diagnose Absonderung von kranken und krankheitsverdächtigen Tieren und deren Behandlung oder Tötung. Gründliche Reinigung und Desinfektion mit schwefelkohlenstoff- oder perchloräthylenhaltigen Desinfektionsmitteln. Alle Tiere des Bestandes behandeln.
Behandlung: Eine Behandlung mit gegen den vorliegenden Parasiten wirksamen Anthelminthika (Citarin, Piperazin, Thibenzole) ist möglich. Die Behandlung nach einer der Präpatenzperiode des Parasiten entsprechenden Zeitspanne wiederholen.
Gefahren für Tierhalter und Haustiere: Keine.

2.4.1.2.6 Lungenwurmbefall

Die Ansteckung erfolgt durch Aufnahme infektionsfähiger Larven mit dem Futter oder Trinkwasser. Hauptansteckungszeiten sind die für die als Zwischenwirt fungierenden Schnecken günstigen feuchten Herbst- und Frühjahrsmonate.
Ursache: Protostrongylus commutatus (Männchen 16–33 mm lang, Weibchen 25–55 mm lang, fadenförmig, braungefärbt) und andere Protostrongylusarten. Die Würmer parasitieren in den Bronchien der Lunge und legen dort ihre Eier ab, aus denen Larven schlüpfen. Diese werden hochgehustet und gelangen so in die Mundhöhle. Nach Durchwandern der Verdauungswege werden sie mit dem Kot ausgeschieden und dringen in Schnecken (verschiedene Landschnekken dienen als Zwischenwirt) ein. In ihnen wird die infektionsfähige Larve ausgebildet, die die Ansteckung beim Kaninchen vermittelt.
Krankheitszeichen: Bei geringgradigem Befall symptomlos, sonst Atembeschwerden, Husten, Niesen, dünnschleimiger Nasenausfluß, zunehmende Schwäche und Abmagerung.

Die Sektion ergibt eine Lungenentzündung unterschiedlicher Prägung (Lungengewebe derb, dunkelrot, zum Teil glasig aussehende Knötchen oder gelbe, käsige Massen enthaltende Herde). Sekundäre bakterielle Infektionen können das Krankheitsbild komplizieren (eitrig-fibrinöse Beläge auf der Lunge, Rippenfellverklebungen).

Krankheitsfeststellung: Sektionsbefund und Nachweis parasitärer Formen (Würmer, Larven) im Lungengewebe toter bzw. Nachweis der Lungenwurmlarven im Kot lebender Tiere.

Vorbeugung und Bekämpfung: Verzicht auf Grünfutter von Wiesen, auf denen mit Lungenwurmlarven befallene Schnecken vorkommen.

Bei gesicherter Diagnose Tötung kranker Tiere und deren unschädliche Beseitigung.

Behandlung: Zwecklos.

Gefahren für Tierhalter und Haustiere: Keine.

2.4.2 Ektoparasiten

Die beim Kaninchen vorkommenden Ektoparasiten gehören den Spinnentieren (Milben, Zecken) und den Insekten (Läuse, Flöhe) an. Neben diesen spielen blutsaugende Dipteren (Stech- und Kriebelmücken, Bremsen), die außer beim Kaninchen auch bei anderen Tierarten schmarotzen, als Überträger von Erregern gefährlicher Infektionskrankheiten (Myxomatose, Tularämie) eine Rolle.

2.4.2.1 Milben

Durch Milben verursachte Erkrankungen kommen in hygienisch einwandfrei geführten Haltungen nur gelegentlich vor. Bei Mängeln in der Haltungs- und Fütterungshygiene können sie wegen ihrer leichten Übertragbarkeit jedoch gehäuft auftreten und wirtschaftliche Bedeutung erlangen. Jungtiere erkranken allgemein eher als Alttiere. Die verschiedenen beim Kaninchen parasitierenden Milben rufen eine mit „Räude“ bezeichnete Hauterkrankung hervor, die durch Juckreiz und Ausbildung ekzemartiger Hautveränderungen gekennzeichnet ist.

Je nach Milbenart entwickelt sich eine Generation in 9–12 Tagen, so daß die Zahl der Parasiten unter günstigen Bedingungen innerhalb kurzer Zeit in die Millionen steigt. Die Lebensdauer erwachsener Milben auf dem Tierkörper beträgt 3–6 Wochen, ohne Kontakt zu ihm zwischen einigen Tagen und mehreren Wochen. Weibliche Milben legen etwa 50–100 Eier auf oder in die Haut ihres Wirtes ab. Aus ihnen schlüpfen nach wenigen Tagen sechsbeinige Larven, die sich häuten und zu achtbeinigen Nymphen entwickeln. Diese werden nach 3–4 Tagen geschlechtsreif und bilden sich nach ein- oder zweimaliger Häutung zu den erwachsenen Milben heran.

2.4.2.1.1 Ohrräude

Durch Befall mit im Ohr parasitierenden Milben verursachte Entzündung des äußeren Gehörganges. Leicht übertragbar.
Ursache: Psoroptes cuniculi.
Krankheitszeichen: Von Ps. cuniculi befallen werden nur die Ohren der Kaninchen, beim Kratzen und Putzen können die Milben aber auch auf andere Körperteile (Pfoten) übergehen. Anfangs Knötchen- und Bläschenbildung, dann in

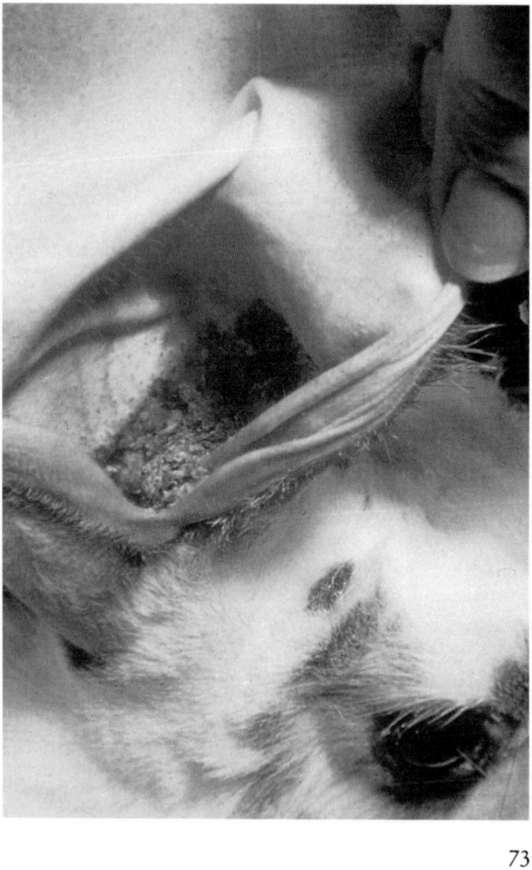

Ohrräude. Borkige Beläge in der Ohrmuschel.

zunehmendem Maße Ablagerung von übelriechenden schmierigen Massen oder von gelblich-braunen, blätterteigähnlich geschichteten trockenen Borken, die das ganze Innere der Ohrmuschel ausfüllen und den Gehörgang verlegen können. Die Haut unter den Borken ist geschwollen und gerötet.

An Ohrräude erkrankte Kaninchen kratzen sich häufig an den Ohren (starker Juckreiz), schütteln mit dem Kopf und lassen bei Berührung der Ohren oder dem Versuch, die Ablagerungen zu lösen, Schmerzen erkennen. Kommt es im Verlaufe einer sekundären bakteriellen Infektion zur Entzündung des Mittelohres oder der Hirnhäute, so können sich Schiefhalten des Kopfes, taumelnder Gang und andere auf zentralnervöse Störungen zurückgehende Symptome einstellen.

Krankheitsfeststellung: Nachweis der Milben in den Ablagerungen oder in Hautgeschabseln.

Vorbeugung und Bekämpfung: Neuzugänge auf Hautveränderungen an den Ohren untersuchen und mindestens 4 Wochen lang in Quarantäne halten.

Erkrankte Kaninchen vom übrigen Bestand trennen und behandeln oder ausmerzen (bei starkem Milbenbefall und Entkräftung der Tiere). Aus den Ohren entfernte Sekretmassen sammeln und verbrennen. Käfige bzw. Buchten mit Kontaktinsektiziden (Wirkstoff: Carbamat, Phosphorsäureester, Pyrethrum oder Decametrin) desinfizieren. In größeren Beständen kann eine regelmäßige prophylaktische Behandlung der Tiere ratsam sein.

Behandlung: Sekrete und Ablagerungen aus den Gehörgängen entfernen, Ohren sorgfältig reinigen, kontaktinsektizidhaltige Lösungen (z. B. Odylen, Jacutin, Alugan, Neguvon o. a.) einträufeln. Bei sekundärer bakterieller Infektion zusätzlich örtliche Antibiotikaanwendung. Die örtliche Behandlung mit Kontaktinsektiziden nach 8 Tagen wiederholen.

Gefahren für Tierhalter und Haustiere: Keine.

2.4.2.1.2 Sarcoptesräude

Durch Befall mit in tieferen Hautschichten parasitierenden Milben (Grabmilben) bedingte Hauterkrankung. Sehr leicht übertragbar durch direkten Kontakt mit erkrankten oder klinisch unauffälligen Milbenträgern, durch Zwischenträger (Mäuse, Katzen, Mensch u. a.), durch Geräte und Gegenstände, mit denen die Milben bzw. deren Entwicklungsformen (Eier, Larven, Nymphen) innerhalb eines Bestandes und von Bestand zu Bestand verschleppt werden.

Ursache: Sarcoptes scabiei.

Krankheitszeichen: Beginn der Erkrankung mit Haarausfall, Hautrötung und Schuppenbildung am Kopf (Lippen, Nase, Augenregion). Rasche Ausbreitung auf Pfoten und den gesamten Körper.

Zunächst Knötchen-, Bläschen- und Schuppenbildung (kleieartige Beläge), dann Übergang zu Krusten- und Borkenbildung. Die Haut wird schwielig und legt sich in Falten; sie wird von einem schmierig-klebrigen Exsudat überzogen. Die Haare fallen aus. Es besteht heftiger Juckreiz.

Bei starker Ausdehnung der Krankheitsprozesse magern die Tiere rasch ab und verenden an völliger Erschöpfung.

Krankheitsfeststellung: Nachweis der Milben in Hautgeschabseln, die vor dem Mikroskopieren mehrere Stunden lang in 5–10%iger Kalilauge aufzuweichen sind.

Vorbeugung und Bekämpfung: Neuzugänge auf Hautveränderungen untersuchen und mindestens 4 Wochen lang in Quarantäne halten. Allgemeine Anforderungen an eine hygienische Tierhaltung beachten. Widerstandskraft der Kaninchen durch ausgeglichene, gehaltvolle und vitaminreiche Fütterung stärken.

Erkrankte Kaninchen vom übrigen Bestand trennen und behandeln oder ausmerzen (bei starkem Milbenbefall und Entkräftung der Tiere). Käfige bzw. Buchten mit Kontaktinsektiziden desinfizieren.

Behandlung: Hautbeläge ablösen (bei starker Borkenbildung diese zunächst mit Seifenlösung, Vaseline oder Öl erweichen), befallene Körperteile mit kontaktinsektizidhaltiger Lösung (z.B. Alugan, Odylen o.a.) waschen. Augen- und Mundschleimhaut vor Berührung mit den Präparaten schützen (Vergiftungsgefahr!).

Anwendbar sind auch Kontaktinsektizide in Pulverform. Hautbeläge hierbei nicht lösen. Pulver einstreuen und gründlich einmassieren (lediglich oberflächliche Behandlungen sind wirkungslos; außerdem besteht Vergiftungsgefahr nach Ablecken des Puders). Behandlung nach 8 Tagen wiederholen.

Gefahren für Tierhalter und Haustiere: Sarcoptes scabiei ist wenig wirtspezifisch. Übergang auf andere Tiere und den Menschen ist möglich.

2.4.2.1.3 Notoedresräude

Eine der Sarcoptesräude ähnliche Erkrankung, jedoch nicht so ansteckend wie diese und meist milder verlaufend.

Ursache: Notoedres cati.

Krankheitszeichen: Ähnlich wie bei der Sarcoptesräude. Die Krankheitsprozesse bleiben in der Regel jedoch auf die Kopfregion (Lippen, Augenumgebung – „Brillenbildung" –, Nase) beschränkt und breiten sich nur in fortgeschrittenem Stadium auf Pfoten und andere Körperteile aus.

Krankheitsfeststellung: Nachweis der Milben in Hautgeschabseln.

Vorbeugung und Bekämpfung: Wie bei der Sarcoptesräude.

Gefahren für Tierhalter und Haustiere: Übergang auf andere Tierarten (Katze,

Hund) möglich. Beim Menschen sind nach wiederholtem Befall klinische Symptome (punktförmige Rötung, Juckreiz) beobachtet worden.

2.4.2.1.4 Raubmilbenbefall

Bei Hauskaninchen nur selten vorkommend, wegen möglicher Übertragung der Myxomatose aber beachtenswert.
Ursache: Cheyletiella parasitovorax.
Krankheitszeichen: Ausgeprägt nur bei stärkerem Milbenbefall. Büschelweiser Haarausfall, leichte Hautrötung, trockenes Ekzem. Bevorzugter Sitz der Milben: Rücken im Schulterbereich, bei stärkerem Befall auch andere Körperteile.
Krankheitsfeststellung: Nachweis der Milben in Sekretmassen, die an den ausgefallenen Haaren hängen (vor dem Mikroskopieren in 5–10 %iger Kalilauge aufhellen!).
Vorbeugung und Bekämpfung: Wie bei Räudemilbenbefall.
Behandlung: Einpudern mit Kontaktinsektiziden (z. B. Alugan-Puder).
Gefahren für Tierhalter und Haustiere: Übergang auf andere Tiere und den Menschen möglich.

2.4.2.1.5 Trombidiose (Herbstgrasmilbenbefall)

Durch die Larven der Laufmilben verursachte räudeähnliche Hauterkrankung. Die erwachsenen Milben parasitieren nicht, sondern ernähren sich von Insekteneiern oder Pflanzenteilen. Sie leben auf Feuchtflächen (Wiesen, Grünflächen, Gärten in Gewässernähe) und können im Spätsommer und Herbst massenhaft auftreten. Die Larven erklettern Pflanzen und Büsche und befallen vorüberlaufende Tiere (Kleinsäuger, Vögel, Wildkaninchen u. a.). Die Übertragung auf Hauskaninchen erfolgt in der Regel über larvenbesetztes Grünfutter.
Ursache: Trombicula autumnalis und andere Trombidiidae.
Krankheitszeichen: Die Milbenlarven bevorzugen dünne Hautstellen (Ohr, Augenlider, Analgegend). Bei stärkerem Befall sind sie auch an anderen Körperstellen zu finden, besonders im Bereich des Unterbauches und der Schenkelinnenflächen. Durch Einschmelzen des Hautgewebes entstehen an der Stichstelle stark juckende Knötchen und Pusteln, die in Quaddeln übergehen und geschwürig werden können. Haare fallen aus. Befallene Kaninchen kratzen und scheuern sich. Der räudeähnliche Ausschlag kann mehrere Wochen lang anhalten.
Krankheitsfeststellung: Nachweis der Milbenlarven (eiförmig, bis 210 µm groß, rot, vollgesogen bis 400 µm groß, gelb; 3 Beinpaare mit vielen federartigen Haarborsten).

Vorbeugung und Bekämpfung: In vermilbten Gegenden kein frisches Grünfutter verfüttern. Erkrankte Tiere örtlich mit Kontaktinsektiziden behandeln oder ausmerzen. Käfige bzw. Buchten sorgfältig reinigen und desinfizieren.
Gefahren für Tierhalter und Haustiere: Übergang auf andere Tiere und den Menschen möglich. Befallene Körperstellen mit Alkohol einreiben (alle 6 bis 8 Stunden).

2.4.2.1.6 Befall mit sonstigen Milben

a) Demodex cuniculi (Haarbalgmilbe)

Langgestreckte Milbe (100–105 µm) mit vier Paar Stummelbeinen.

Parasitiert in den Haarbälgen, bei starker Vermehrung auch in den Talgdrüsen. Bevorzugter Sitz: dünnbehaarte Körperstellen (Kopf, Ohrmuscheln). In der Regel harmlos. Erkrankungen nur bei Schwächung der Abwehrkräfte des Wirtstieres (Endoparasitenbefall, Mangelernährung).

Beginn der Erkrankung mit Haarausfall und Schuppenbildung am Kopf (Augenumgebung), Ausbreitung auf andere Körperstellen möglich. Infolge starker Verhornung wird die Haut schwielig und faltig. Sekundärinfektionen mit Eitererregern führen zu Pustel- und Abszeßbildung. Gelegentlich werden eitrige Mittel- und Innenohrentzündungen beobachtet.

Krankheitsfeststellung durch Nachweis der Milben in Hautgeschabseln (Material durch tiefes Abschaben gewinnen und vor dem Mikroskopieren in 5–10 %iger Kalilauge aufweichen).

Krankheitsvorbeugung durch Verbesserung des allgemeinen Gesundheitszustandes der Kaninchen und der Stallhygiene.

Örtliche Behandlung mit Kontaktinsektiziden. Bei Eiterungsprozessen zusätzlich örtliche Behandlung mit Antibiotika.

b) Listrophorus gibbus

Kleine (Weibchen 240–440 µm; Männchen 310–650 µm), ovale Milben mit kurzen Beinen und einem über die Mundpartie vorragenden Rückenschild.

Bevorzugter Sitz: Rücken und Unterbauch. Harmlos, überträgt keine Krankheitserreger. Bei stärkerem Befall Behandlung mit Kontaktinsektiziden.

c) Linguatula serrata (Zungenwurm)

Bei Kaninchen selten vorkommend. Die Larven dieses als „degenerierte Milbe“ bezeichneten Parasiten können bei starkem Befall tödlich verlaufende Er-

Tabelle 3: Charakteristische Merkmale der bei Kaninchen parasitierenden Milben

	Psoroptes cuniculi	Notoedres cati	Sarcoptes scabiei	Cheyletiella parasitovorax
Größe:				
Männchen	0,43–0,55 mm lang 0,32–0,46 mm breit	0,14–0,16 mm lang 0,12–0,13 mm breit	0,20–0,25 mm lang 0,15–0,18 mm breit	0,26–0,39 mm lang
Weibchen	0,41–0,75 mm lang	0,21–0,24 mm lang	0,30–0,45 mm lang	0,35–0,45 mm lang
Körperform:	oval	kugelig	rund/oval	längsoval
Kopf:	lang, spitz	kurz, gedrungen	kurz, gedrungen	kurz, gedrungen; mit kräftigen Greifzangen
Analöffnung:	terminal gelegen	dorsal gelegen	terminal gelegen	
Beine:	lang, dick; trompetenartige, auf langen, gegliederten Stielen sitzende Haftscheiben an allen (Männchen) bzw. am 1., 2. und 4. Beinpaar (Weibchen)	kurz, stummelförmig; napfförmige, auf kurzen, ungegliederten Stielen sitzende Haftlappen an den beiden ersten, beim Männchen auch am letzten Beinpaar	kurz, stummelförmig; napfförmige, auf langen, ungegliederten Stielen sitzende Haftscheiben an den beiden ersten, beim Männchen auch am letzten Beinpaar	lang, schlank; mit kammartigen Endborsten
	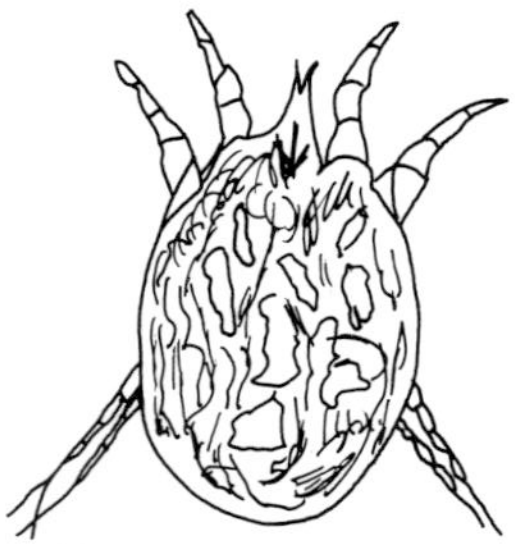			

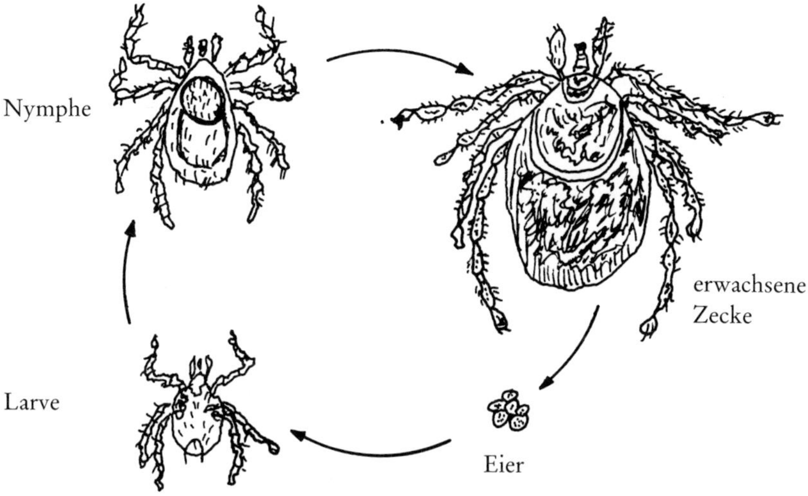

Entwicklungszyklus von Zecken (Ixodes ricinus)

krankungen der Atmungsorgane und der Leber verursachen. Die Ansteckung erfolgt durch Aufnahme von Eiern, die vom Endwirt (Hund, Fuchs, Schaf) ausgeniest oder mit dem Kot ausgeschieden worden sind.
Krankheitsfeststellung nur durch Nachweis der Larven oder Nymphen in den erkrankten Organen (Labor).

Eine Behandlung ist nicht möglich. Kein verunreinigtes Grünfutter verfüttern.

Übertragung des Parasiten auf andere Tiere (Hund) und den Menschen ist möglich (Fleisch befallener Kaninchen kochen oder gut braten!).

2.4.2.2 Zecken

Zecken werden bei Kaninchen in Stallhaltung selten, bei solchen in Freilandhaltung häufiger gefunden. Sie sind Freilandbewohner und besonders in Feuchtgebieten anzutreffen. Ihre Entwicklung vom Ei zum erwachsenen Tier erfolgt über das Larven- und Nymphenstadium. Alle Entwicklungsstadien der Zecken müssen mindestens einmal Blut saugen, wozu geeignete Blutspender angefallen werden. Bei Kaninchen findet man meist Larven (0,16–1,5 mm groß, sechsbeinig) oder Nymphen (2 mm groß, achtbeinig), die einige Tage (2–7 Tage) lang Blut saugen und dann wieder abfallen, um sich auf dem Erdboden weiter zu entwickeln.

Zeckenbefall verursacht Blutentzug, örtliche Entzündungsprozesse und Beunruhigung der befallenen Tiere. Zecken können zudem Überträger einiger gefährlicher Infektionskrankheiten (Myxomatose, Tularämie u.a.) sein.

Bei Kaninchen sind Zecken der verschiedensten Arten (Ixodes-, Haemaphysalis-, Dermacentor-, Otobiusarten) gefunden worden.

Krankheitszeichen: Entzündliche Reaktionen (Rötung, Schwellung) im Bereich der Befallsstellen. Starker Juckreiz. Eiterungsprozesse nach sekundärer bakterieller Infektion oder nach gewaltsamer Entfernung der Zecken. Bevorzugter Sitz der Parasiten: Kopf (Ohr, Nase), Rücken, Nacken.

Krankheitsfeststellung: Nachweis der Zecken (eventuell mit Lupe).

Vorbeugung und Bekämpfung: In zeckenverseuchten Gebieten kein Grünfutter verfüttern.

Bei stärkerem Befall Behandlung mit Kontaktinsektiziden (z.B. Neguvon), sonst Absammeln der Parasiten. Festsitzende Zecken zur Lockerung ihrer Widerhaken mit Öl, Glycerin, Benzin oder Petroleum betupfen, damit der in der Haut des Kaninchens verankerte Kopf nicht abreißt.

Gefahren für Tierhalter und Haustiere: Übergang auf andere Tierarten (Hund, Huftiere, Rind u.a.) und den Menschen möglich (Krankheitsübertragung, z.B. Rickettsiose).

2.4.2.3 Läuse

Läuse sind flügellose, blutsaugende Insekten, deren gesamte Entwicklung (Ei, Nymphe, Laus) sich auf einem Wirtstier vollzieht. In hygienisch einwandfrei geführten Kaninchenhaltungen kommen sie nur gelegentlich vor.

Läusebefall verursacht Blutentzug und starke Beunruhigung der befallenen Tiere. Übertragung von Infektionskrankheiten (z.B. Tularämie) ist möglich.

Ursache: Haemodipsus ventricosus (Kaninchenlaus).

Krankheitszeichen: Entzündliche Reaktionen (Rötung, Ekzem) im Bereich der Befallsstellen, Juckreiz. Verminderte Freßlust, Abmagerung und mangelhafte Kondition infolge Beunruhigung. Haarausfall.

Krankheitsfeststellung: Nachweis der Parasiten oder deren Eier an der Haarbasis (eventuell mit Lupe).

Vorbeugung und Bekämpfung: Örtliche Behandlung mit Kontaktinsektiziden, die mehrmals im Abstand von 10 Tagen zu wiederholen ist. Bei sekundärer bakterieller Infektion zusätzlich örtliche Behandlung mit Antibiotika. Einstreu entfernen und verbrennen. Buchten sorgfältig reinigen und desinfizieren. Hygienestatus im Stall verbessern.

Gefahren für Tierhalter und Haustiere: Keine.

2.4.2.4 *Flöhe*

Flöhe sind flügellose, blutsaugende Insekten, die sich nur zeitweilig zur Nahrungsaufnahme auf einem Wirtstier aufhalten. Die Jugendentwicklung (Larve, Puppe, Floh) erfolgt in staubigem Material (Einstreu, Heu) sowie in Fugen und Ritzen oder im Erdboden.

Flohbefall verursacht Blutentzug und starke Beunruhigung der befallenen Tiere. Flöhe können zudem einige gefährliche Infektionskrankheiten (Myxomatose, Tularämie, Staphylokokkeninfektion) übertragen.
Ursache: Spilopsyllus cuniculi (Kaninchenfloh).

Der Kaninchenfloh hat sich seinem Wirt stark angepaßt und ist auf das Vorhandensein von belegten Nestern angewiesen. Ein Flohweibchen legt nur dann Eier, wenn es vorher bei einer trächtigen Häsin oder bei saugenden Jungkaninchen Blut gesaugt hat. Die nach etwa 10 Tagen aus den Eiern schlüpfenden Larven (wurmförmig, 1,5 bis 5 mm lang, geringelt) ernähren sich von unverdauten, mit dem Kot der Flöhe ausgeschiedenen Blutresten. Die Entwicklung zum ausgewachsenen Floh erfolgt in feuchtwarmer Umgebung rasch (3 Wochen), unter ungünstigen Bedingungen sehr langsam (bis zu 3 Jahren).
Krankheitszeichen: Entzündliche Reaktion (Rötung, Schwellung) an der Stichstelle. Juckreiz. Bevorzugter Sitz der Parasiten: Kopf, Nacken, Rücken.
Krankheitsfeststellung: Nachweis der Parasiten.
Vorbeugung und Bekämpfung: Örtliche Behandlung mit Kontaktinsektiziden. Einstreu und Nestmaterial entfernen und verbrennen. Buchten und Stallboden sorgfältig reinigen und desinfizieren.
Gefahren für Tierhalter und Haustiere: Übergang auf andere Tierarten und den Menschen möglich (Krankheitsübertragung).

2.4.2.5 *Mücken*

Wirtsunspezifische blutsaugende Dipteren (Stech- und Kriebelmücken u. a.) können bei Massenauftreten nicht nur zu einer Plage für Mensch und Tier werden, sondern auch Infektionskrankheiten (Myxomatose, Tularämie u. a.) übertragen und sollten deshalb planmäßig bekämpft werden. Vernichtung der Mücken und ihrer Brut durch regelmäßige Anwendung von Kontaktinsektiziden. Die Vermehrung der Mücken erfolgt durch Ablage der Eier im Wasser, wo sich die Larven entwickeln. Alle Wasseransammlungen (offene Wasserbehälter, Feuchtstellen) deshalb beseitigen, um den Insekten die Entwicklungsmöglichkeit zu nehmen. Mückenanflug durch Anbringen von Gaze an der Vorderfront der Buchten bei Außenhaltungen bzw. an den Fenstern und an anderen Gebäudeöffnungen von Stallungen unterbinden.

3. Organkrankheiten

Das Spektrum der nichtinfektiösen Organkrankheiten ist bei Kaninchen nicht kleiner als bei anderen Tierarten auch. Da sie aber nicht seuchenartig auftreten, von ihnen also nur einzelne Tiere des Bestandes betroffen sind, werden sie oft wenig beachtet und für harmlos gehalten, obwohl sie leistungsmindernd wirken, zum Teil erhebliche Verluste fordern oder direkt die Entstehung einer infektiösen Erkrankung begünstigen können. Auslösende Faktoren von Organkrankheiten sind in vielen Fällen Haltungs- und Fütterungsfehler. Durch Beachtung der Anforderungen an eine hygienische Tierhaltung und die Grundsätze der Fütterungshygiene lassen sie sich weitgehend vermeiden.

3.1 Zähne

Bei Vertretern der Zwergrassen und bei älteren Kaninchen findet man gelegentlich ein *ungehemmtes Wachsen der Schneidezähne* infolge ungleichmäßiger Abnutzung, fehlerhafter Zahnstellung oder Abbrechens eines Zahnes. Die Zähne können bis in den Gaumen eindringen und eine Futteraufnahme erschweren oder unmöglich machen.
Behandlung: Abkneifen und Abschleifen der übermäßig gewachsenen Zähne (bei Bedarf wiederholen). Den Tieren Gelegenheit zum Nagen geben, damit sie

Zahnanomalie. Auswachsen der Schneidezähne.

ihre Schneidezähne selbst regulieren. Betroffene Kaninchen von der Nachzucht ausschließen.

Nach dem Eindringen von Fremdkörpern und harten Futterteilen in das Zahnfleisch und in die Zahnalveolen können sich *Zahnfachentzündungen* mit Auftreibung und Eiterungsprozessen am Kiefer entwickeln. Eine Behandlung ist nicht möglich.

3.2 Magen-Darm-Kanal

Erkrankungen des Magen-Darm-Kanals kommen bei Kaninchen aller Altersklassen häufig vor, da dieses Organsystem aufgrund seiner besonderen anatomischen und physiologischen Verhältnisse gegenüber allen Belastungen und Schädigungen, die auf es einwirken, sehr empfindlich reagiert.

Die Ursachen solcher Störungen sind vielfältig, da alle Faktoren, welche die Bewegung des Magen und Darmes, die Sekretion der Verdauungssäfte oder die Zusammensetzung des Magen- und Darminhaltes verändern, Anlaß für krankhafte Zustände sein können. Oft wirken mehrere Schadfaktoren zusammen.

3.2.1 Trommelsucht (Meteorismus, Aufblähung, Tympanie)

Eine bei herkömmlicher Fütterung häufig zu beobachtende Erkrankung, die erhebliche Verluste fordert. Anfällig sind besonders Jungkaninchen, deren Verdauungsorgane noch nicht voll leistungsfähig sind.
Ursache: Gärungsvorgänge nach Verfütterung leicht gärfähiger, kohlenhydratreicher Futtermittel (feuchtes und selbsterhitztes Grünfutter, junger Klee, Kohl, Rüben, Mais, Brot, gefrorenes oder angefaultes Futter u. a.). Gallengangskokzidiose, Leberverfettung, seltener Leberegelbefall.
Krankheitszeichen: Aufblähung (die Bauchdecken sind stark gespannt), keine Nahrungsaufnahme, Unruhe, Zähneknirschen als Zeichen starker Schmerzempfindung, Atemnot. Meist plötzlicher Tod infolge akuten Kreislaufversagens oder Zerreißens der Magenwand (Magenruptur).

Bei der Sektion findet man den Magen und den Darm stark aufgebläht und mit übelriechendem Gas angefüllt. Im Falle einer Magenruptur sind mit Blut durchmischte Futtermassen zwischen den Darmschlingen anzutreffen. Die Ränder der Rißstelle sind geschwollen und blutig durchtränkt.
Krankheitsfeststellung: Klinisches Bild bzw. Sektionsbefund. Bei Gallengangskokzidiose Nachweis der Oozysten im Kot lebender Tiere.
Vorbeugung und Bekämpfung: Langsame Futterumstellung im Frühjahr. Grünfutter breit lagern, um Erhitzung zu vermeiden. Nur einwandfreie Futterstoffe

verabreichen. Vorsicht bei Verfütterung von Futter mit hohem Energiegehalt.
Behandlung: Bei plötzlich auftretender starker Aufblähung kommt eine Behandlung meist zu spät. Um den drohenden Tod abzuwenden, kann die Punktion mit einem kleinen Trokar an der Stelle der Flanke, an der die Wölbung am stärksten ist, versucht werden. Bei Tympanieverdacht sofort Futter und Einstreu entfernen. Darmtätigkeit durch vorsichtige Massage des Hinterleibes anregen. Medizinalkohle verabreichen. Evtl. Injektion von krampflösenden Präparaten (z.B. Novalgin). Nach Beseitigung der akuten Blähung langsam mit der Fütterung beginnen (gutes Heu) und allmählich auf normale Futterrationen übergehen (gärfähige Futterstoffe vermeiden).

3.2.2 Magenüberladung

Bei herkömmlicher Fütterung ähnlich häufig zu beobachten wie die Tympanie.
Ursache: Übermäßige Aufnahme gutschmeckender, im Magen quellender Futterstoffe oder übermäßige Aufnahme von Trockenfutter nach längerer Hungerzeit.
Krankheitszeichen: Aufblähung des Bauches (die Bauchdecken sind weich und eindrückbar), keine Nahrungsaufnahme, Unruhe, Atemnot. Meist plötzlicher Tod infolge akuten Kreislaufversagens, gelegentlich Magenruptur.

Charakteristischer Sektionsbefund ist der prall gefüllte Magen. Im Falle einer Magenruptur sind mit Blut durchmischte Futtermassen zwischen den Darmschlingen anzutreffen.
Krankheitsfeststellung: Klinisches Bild bzw. Sektionsbefund.
Vorbeugung und Bekämpfung: Rationierung des Futters nach Hungerzeiten. Ausreichende Wasserversorgung bei alleiniger Trockenfütterung.
Behandlung: Futter und Einstreu entfernen. Magen-Darm-Tätigkeit durch vorsichtige Massage des Bauches anregen. Evtl. Injektion von krampflösenden Präparaten (z.B. Novalgin).

3.2.3 Magen-Darm-Entzündung (Gastroenteritis)

Magen-Darm-Entzündungen (s.a. Dysenterie S. 37) werden bei Kaninchen häufig als Todesursache festgestellt. Auslösende Faktoren sind meist Fütterungs- und Haltungsfehler.
Ursache: Einwirkung schädigender Faktoren auf Magen und Darm, besonders Fütterungsfehler (gefrorene Rüben, durch Schimmel verdorbene, ungewaschene, mit Futterschädlingen befallene Futterstoffe, frischer Hafer, erhitztes Heu,

unzureichende Wasserversorgung u. a.) und Erkältung (Zugluft, feuchte und zu kalte Stallungen). Gegenüber Erkältung besonders empfindlich sind Angorakaninchen nach der Schur.

Ferner bakterielle Infektionskrankheiten (E. coli-Infektion, Salmonellose, Pasteurellose u. a.), Befall mit Magen-Darm-Parasiten, Vergiftungen, Stoffwechselstörungen und Vitaminmangel.

Krankheitszeichen: Freßunlust, Mattigkeit, Durchfall (stinkender, dünnflüssiger Kot, dadurch Verschmutzung der Analgegend, des Unterbauches und der Hinterläufe) oder Verstopfung. Beide Zustände können abwechselnd auftreten. Zähneknirschen als Zeichen starker Schmerzempfindung. Bei längerem Krankheitsverlauf Abmagerung, zunehmende Schwäche, eventuell Lähmung der Hinterläufe und Krämpfe, Tod infolge Entkräftung.

Bei der Sektion findet man unterschiedlich stark ausgeprägte entzündliche Veränderungen an der Magen-Darm-Schleimhaut (Schwellung, Rötung, nekrotische Bezirke, dünnflüssiger und übelriechender, z. T. blutiger Inhalt).

Krankheitsfeststellung: Klinisches Bild oder Sektionsbefund unter Ausschluß spezifischer Infektions- und Invasionskrankheiten und anderer Ursachen.

Vorbeugung und Bekämpfung: Grundsätze der Fütterungs- und Haltungshygiene beachten. An Frosttagen Futterreste aus den Käfigen entfernen, um die Aufnahme überfrorener Futterstoffe zu verhindern. Bei alleiniger Verfütterung von Handelsmischfutter Rohfaseranteil beachten (nicht unter 14 %, ggf. durch Zugabe von Heu ausgleichen). Für ausreichende Wasserversorgung sorgen. Zugluft vermeiden. Ställe während der kalten Jahreszeit eventuell beheizen. Erkrankte Kaninchen absondern und behandeln. Reinigung und Desinfektion der Käfige bzw. Buchten. Bei Haltung auf Drahtboden für zugfreie und erwärmbare Sitzfläche sorgen. Verbesserung der Haltungs- und Fütterungshygiene.

Behandlung: Futter und Einstreu entfernen. Bei Durchfall Medizinalkohle verabreichen und Trinkwasser mit Kochsalz anreichern (5 g/Liter). Bei Besserung des Befindens zunächst gutes Heu, geröstetes Brot oder Haferflocken anbieten und dann langsam zur normalen Fütterung übergehen. Erkrankte Tiere, besonders Jungtiere, warmhalten.

Spezifische Behandlung bei Vorliegen einer Infektions- oder Invasionskrankheit, bei Vergiftungen und Stoffwechselstörungen (siehe dort).

3.2.4 Sonstige Krankheiten der Verdauungsorgane

Verstopfung (Obstipation)

ist Begleiterscheinung verschiedener Erkrankungen (Tympanie, Darm- und Gallengangskokzidiose, bakterielle Infektionen, fieberhafte Zustände u. a.), kann aber auch die Folge von Fütterungsfehlern sein (ausschließliche Trocken-

fütterung mit Kleie oder anderen wasserarmen, ballastreichen Futterstoffen, ungenügende Wasserversorgung u.a.). Charakteristisch ist der mangelnde Kotabsatz trotz starken Drängens. Das Allgemeinbefinden der Tiere verschlechtert sich rasch. Beim Durchtasten des Bauches ist der mit Kotmassen angefüllte Dickdarm leicht zu fühlen.
Behandlung: Einläufe mit lauwarmem Seifenwasser (Kernseife!) zur Aufweichung der angestauten Kotmassen, anschließend vorsichtige Massage des Hinterleibes, evtl. Verabreichung von milden Abführmitteln (Glaubersalz, Istizin o.ä.). Nach Darmentleerung langsam mit der Fütterung beginnen (Salat, Rübenblätter) und allmählich auf normale Futterrationen übergehen (bei hohem Trockenfutteranteil für ausreichende Wasserzufuhr sorgen!).

Haarbälle (Bezoare)
die sich nach Aufnahme von Haaren im Magen bilden, können unter Umständen zur Verstopfung Anlaß geben. Die Ursachen für das Fressen von Haaren durch die Kaninchen sind nicht bekannt (Rauhfasermangel? Langeweile?). Haarbälle werden bei Angorakaninchen häufiger als bei Tieren anderer Rassen gefunden. Sie werden meist erst bei der Sektion festgestellt. Eine Behandlung ist nicht möglich.

Mastdarmvorfall
wird gelegentlich bei mit heftigem Durchfall oder mit Verstopfung einhergehenden Magen-Darm-Entzündungen beobachtet und führt infolge Absterben des Gewebes nach Unterbrechung der Blutzufuhr meist rasch zum Tod des Tieres. Bei wertvollen Zuchtkaninchen kann die chirurgische Versorgung des Vorfalles versucht werden, sofern Aussicht auf eine erfolgreiche Behandlung der Magen- Darm-Entzündung besteht.

3.3 Leber

Leberschäden sind Begleiterscheinungen infektiöser Krankheiten oder stehen im Zusammenhang mit Futterschädlichkeiten. Primäre Erkrankungen der Leber sind beim Kaninchen sehr selten.
Ursache: Bakterielle Infektionen, Parasitenbefall, Vergiftungen, Stoffwechselstörungen.
Krankheitszeichen: Uncharakteristisch. Freßunlust, Mattigkeit, Abmagerung, eventuell plötzlicher Tod.

Bei der Sektion findet man je nach der Krankheitsursache entzündliche oder degenerative Veränderungen:

bei *Infektionskrankheiten* Schwellung, punktförmige oder ausgedehnte grauweiße bzw. gelbliche Herde, z.T. käsige oder verkalkte Knoten;
bei *Vergiftungen* gelbbraune Verfärbung, deutliche Läppchenzeichnung, gelegentlich Blutungsherde, in chronischen Fällen Schrumpfleber mit narbiger Oberfläche;
bei *Stoffwechselstörungen (Verfettung)* hellbraune bis ockergelbe Verfärbung, brüchige Konsistenz, Schwellung, gelegentlich auch Schrumpfleber.
Krankheitsfeststellung: Sektionsbefund. Klärung der Krankheitsursache durch bakteriologische, parasitologische oder toxikologische Untersuchung (Labor).
Behandlung: Entsprechend der Krankheitsursache (siehe dort). Bei Verdacht auf Stoffwechselstörung ggf. Futterumstellung.

3.4 Haut

Erkrankungen der Haut ohne oder mit Fellschäden werden bei Kaninchen häufig festgestellt. Sie zeigen ein sehr variables Krankheitsbild und gehen auf unterschiedliche Ursachen zurück (Tab. 4 auf Seite 88). Die Therapie richtet sich nach dem die Erkrankung auslösenden Faktor und wird durch eine örtliche symptomatische Behandlung ergänzt.

Wunden, Verletzungen

Hautwunden nach Verletzungen (Biß-, Riß-, Schnittwunden) heilen meist gut und schnell ab. Der Heilungsprozeß kann durch örtliche Behandlung mit Wundspray oder Heilsalben beschleunigt werden. Verunreinigte Wunden vor der Behandlung mit einem Wunddesinfizient (z.B. Rivanollösung, Entozonlösung) auswaschen.

3.4.1 Wunde Läufe (Pododermatitis, Parakeratose)

Entzündliche Erkrankungen der Haut an den Hinterläufen werden bei lebhaften (Rex) und sehr schweren Kaninchen (Riesen, Angorakaninchen) sowie bei solchen mit rassebedingter schwacher Sohlenbehaarung (Kurzhaar-Kaninchen) relativ häufig beobachtet.
Ursache: Unphysiologische Druckverhältnisse auf die Sohlenfläche der Hinterläufe (Mittelfußabschnitt) durch ungeeignete Käfigbodenbeschaffenheit (uneben, hart, rauh, rissig, bei Drahtboden scharfkantig, zu weite Maschen, zu

Tabelle 4: Hauterkrankungen mit und ohne Fellschäden

Bezeichnung	Ursache	Klinischer Befund
Lid-/Bindehautentzündung (bei ansteckendem Schnupfen)	bakt. Infektion (Past. multocida)	durch Augenausfluß bedingte Krustenbildung und Haarausfall im inneren Augenwinkel (meist beidseitig) – Parasiten und Hautpilze nicht nachweisbar
Ohrräude	Psoroptes cuniculi	borkige Beläge in der Ohrmuschel, Hautentzündung im Bereich von Ohrmuschel und Ohransatz – Nachweis von Psoroptesmilben in Hautgeschabseln
Räude	Sarcoptes scabiei oder Notoedres cati	Borken- und Schuppenbildung, Verfilzung der Haare, Haarausfall (Beginn der Prozesse meist im Kopfbereich, Tendenz zur Ausdehnung auf den Rumpf) – Nachweis von Sarcoptes- oder Notoedresmilben in Hautgeschabseln
Raubmilbenbefall	Cheyletiella parasitovorax	büschelweiser Haarausfall im Schulterbereich, Hautrötung, trockenes Ekzem – Nachweis der Raubmilben in Sekretmassen
Sabbern, Speicheln	bakt. Infektion (Fusobacterium necrophorum), Stomatitis, Gebißanomalien, Vergiftungen	durch Fellnässen mit sekundärer bakterieller Besiedlung bedingte Hautentzündung und Haarausfall im Bereich von Kinn und Hals – Parasiten und Hautpilze nicht nachweisbar
Haarlosigkeit	Erbkrankheit	haarlose Stellen unterschiedlicher Größe, auch völlige Haarlosigkeit, keine entzündlichen Veränderungen – Parasiten und Hautpilze nicht nachweisbar
Hautentzündung	Haltungsfaktoren (defekte Nippeltränken, tropfende Tränkflaschen)	durch Fellnässen bedingte Hautentzündung und Haarausfall im Bereich von Rücken und Rumpfseite, sekundäre bakterielle Besiedlung möglich – Parasiten und Hautpilze nicht nachweisbar
	Haltungsfaktoren (Kontakt mit ätzenden Substanzen, z. B. Ätznatron, Ätzkalk)	nässende, geschwürige Hautbezirke im Bereich der Lippen, Nase und Sohlen, Schorfbildung – Parasiten und Hautpilze nicht nachweisbar
Haarausfall	Vergiftungen (Thallium, Molybdän, Selen)	Haarausfall – Parasiten und Hautpilze nicht nachweisbar

Bezeichnung	Ursache	Klinischer Befund
Haarausfall	Antibiotika-Unverträglichkeit (Penicillin, Ampicillin, Spiramycin u. a.)	meist im Kopfbereich beginnender, fortschreitender Haarausfall, Hautrötung, Neubehaarung nach Absetzen des Präparates – Parasiten und Hautpilze nicht nachweisbar
	Vitamin-H-Mangel	haarlose Stellen an Rücken, Lippen, Augenlidern, Schuppenbildung, Hautrötung – Parasiten und Hautpilze nicht nachweisbar
	Mineralstoffmangel (Kupfer, Magnesium, Zink)	haarlose Stellen unterschiedlicher Größe – Parasiten und Hautpilze nicht nachweisbar
Hautpilzerkrankung	Trichophyton- und Microsporumarten	Hautentzündung, Haarausfall, Schuppen- und Krustenbildung (Beginn der Prozesse im Kopfbereich, Tendenz zur Ausdehnung auf Läufe und Rumpf, Beginn der Ausheilung und Neubehaarung im Zentrum der Krankheitsprozesse – Nachweis von Hautpilzen in Haarproben und Hautgeschabseln
Fellrupfen	Geburtsvorbereitung bei tragenden Häsinnen	haarlose Stellen unterschiedlicher Größe an Rumpf und Bauch, keine entzündlichen Veränderungen – Parasiten und Hautpilze nicht nachweisbar

dünne Drahtgitter); Erweichen der Haut durch feuchte, unsaubere, mit Harn benetzte Einstreu; längere Einwirkung chemischer Stoffe (Teer bei Verwendung von Dachpappe als Käfigboden); bakterielle Infektionen (Nekrobazillen, Staphylokokken) nach Verletzung durch Holzsplitter oder Einstreumaterial.

Fütterungsfehler (einseitige, zu eiweißreiche Fütterung) und mangelnde Bewegungsmöglichkeit begünstigen die Entstehung des Krankheitsbildes.

Krankheitszeichen: Ausbildung von Druckstellen (weich, druckempfindlich, haarlos) auf der Sohlenfläche. Im weiteren Krankheitsverlauf Schorf- und Borkenbildung, nässendes Ekzem. Bewegungsunlust, Schmerzäußerung beim Auftreten, Entlastung der Sohlen durch Unterschieben der Läufe (Hundesitz).

Bei bakterieller Infektion Abszeßbildung und geschwüriger Gewebszerfall mit Tendenz zur Ausbreitung.

Krankheitsfeststellung: Klinisches Bild unter Ausschluß ähnlicher, aber auf andere Ursachen zurückgehende Erkrankungen (Trichophytie, Nekrobazillose).

Vorbeugung und Bekämpfung: Grundsätze der Haltungs- und Fütterungshygiene beachten. Verwendung von flachgewalztem Drahtgeflecht bei einstreuloser Aufstallung. Roste aus oben flachen, unten halbrunden Metallstäben oder Plastik (2 mm dick, Abstand nicht mehr als 17 mm). Bei Einstreuhaltung für trockene Einstreu sorgen, Kotecken regelmäßig beseitigen.

Erkrankte Tiere absondern und behandeln. Käfige bzw. Buchten gründlich reinigen und desinfizieren. Auslösende Faktoren beseitigen. Bei einstreuloser Haltung die Auflageflächen vergrößern, eventuell Sitzplatten in die Käfige legen. Haltungshygiene verbessern. Fütterung auf leichtverdauliche, gehaltvolle Futtermittel umstellen.
Behandlung: Schorf und Krusten einweichen (Öl) und vorsichtig von den Wundflächen ablösen. Wiederholte Behandlung mit antiseptischem Wundstreupuder oder Wundspray. Während der Behandlung für weiche und saubere Einstreu sorgen. Bei bakterieller Infektion zusätzlich örtliche Behandlung mit antibiotischen Salben. Bei Phlegmonen zunächst Verband mit Zugsalbe (Ichtyol-, Kampfersalbe o. ä.) zur Prozeßreifung.

3.5 Bewegungsapparat und Nervensystem

Erkrankungen des Bewegungsapparates und des Nervensystems (Lahmheiten, Gleichgewichtsstörungen, Verletzungen an den Gliedmaßen) werden bei Kaninchen relativ häufig beobachtet. Die Art der Schäden und deren Ursachen sind vielfältig. Charakteristisches Krankheitszeichen ist die Störung der normalen, koordinierten Bewegung. Die Behandlungsmöglichkeiten sind begrenzt (nebenstehende Tabelle 5).
Vorbeugung: Unfall- und Verletzungsgefahr durch Verwendung zweckdienlicher Käfig- und Stalleinrichtungen mindern. Vorsicht beim Greifen, Halten und Tragen von Kaninchen. Zu engen Besatz vermeiden, besonders bei Haltung der Tiere in Käfigen. Bei Feststellung einer Erbkrankheit die Erbträger von der Nachzucht ausschließen. Bei Vorliegen von Infektionskrankheiten Sanierung des Bestandes.

3.5.1 Hitzschlag

Auf nicht ausgeglichene Wärmestauung im Tierkörper zurückgehende plötzliche Todesfälle werden während der heißen Sommermonate, besonders bei schwülwarmer Witterung relativ häufig beobachtet. Betroffen sind vorwiegend tragende Häsinnen sowie gutgenährte und dichtbehaarte Tiere.
Krankheitszeichen: Beschleunigte Atmung, Blaufärbung der Haut, Nasenbluten, Erregungszustände, Muskelzittern, plötzlich eintretender Tod.
Vorbeugung: Bei Innenstallungen für ausreichende Belüftung sorgen (Zugluft vermeiden!), Einstreu häufig wechseln, Grünfutterreste regelmäßig entfernen. Zu dichten Tierbesatz vermeiden, ausreichende Wasserversorgung sicherstellen.

Tabelle 5: Bewegungs- und Gleichgewichtsstörungen

Art der Erkrankung	Ursache	Krankheitszeichen	Behandlung
Verletzungen, Wunden	plötzlich auftretende Gewalteinwirkung (Unfall)	Blutung (bei offenen Verletzungen), Schwellung, eingeschränkte oder unnormale Beweglichkeit (bei Knochenbrüchen), Schonung der Gliedmaßen vor Belastung	Wundversorgung mit Spray, Puder – bei verunreinigten Wunden vorher Waschung mit antiseptischer Lösung (Rivanol u. a.) – evtl. Wundnaht, bei Knochenbrüchen Ruhigstellung durch Schienenverband, evtl. Nagelung (nur bei sehr wertvollen Zuchttieren)
Gelenkerkrankung	plötzlich auftretende Gewalteinwirkung (Unfall), Infektionskrankheit (Pasteurellose, Staphylokokken-Infektion)	unnormale Stellung, (bei Ausrenkung meist einseitig), eingeschränkte Beweglichkeit der Gliedmaßen (ein- oder beidseitig), Gelenkschwellung	bei Luxation Einrenkung des Gelenkes und Ruhigstellung, bei Gelenkentzündung zwecklos
Lahmheit/ Lähmung	Verletzungen an Gliedmaßenknochen bzw. -gelenken oder an der Wirbelsäule, Schädigung des Rückenmarks durch Gewalteinwirkung (Schlag, Zerrung, Quetschung), Rückenmarkentzündung (Listeriose, Encephalitozooninfektion u. a.), Muskelentzündung, erhebliche Mißbildungen an Knochen und Gelenken, Vergiftungen	Schonung der Gliedmaßen vor Belastung, unsichere Bewegung, aktive Bewegung der Gliedmaßen eingeschränkt oder unmöglich, bei beidseitiger Nachhandlähmung Störung des Kot- und Harnabsatzes und Verschmutzung der hinteren Körperteile	wenig aussichtsreich, bei Muskelentzündung Ruhigstellung und Wärmeanwendung, evtl. Vitamin-E-Injektionen
Gleichgewichtsstörungen	plötzlich auftretende Gewalteinwirkung (Unfall), Gehirnhautentzündung (Listeriose, Pasteurellose u. a.), angeborene Gehirn- und Rückenmarkschäden, Vergiftungen	Taumeln, unkoordinierte Bewegungen, Kopfverdrehen, Kreisbewegungen, Schiefhalten des Kopfes, Umfallen	zwecklos

Stallräume evtl. mit Wasser besprengen. Bei Außenstallungen Sonnenschutz anbringen.
Behandlung: Kühlung durch Auflegen feuchter Tücher auf den Kopf betroffener Tiere, evtl. Tauchbad.

3.6 Fortpflanzungsorgane, Geburtsstörungen

3.6.1 Unfruchtbarkeit

Ursache: Vielfältig. Bakterielle Infektionen (Treponematose, Listeriose, Pasteurellose, Salmonellose u. a.), hormonelle Störungen (Fehlregulation des Hormonhaushaltes durch Dysfunktion der Hormondrüsen, Umweltfaktoren, wie Temperatur, Lichtverhältnisse – Wintermonate! und psychische Einflüsse – Großbestände!), Stoffwechselstörungen (Verfettung), Mineralstoff- und Vitaminmangel (Vitamin A, E).
Krankheitszeichen: Bei Häsinnen fehlende Brunsterscheinungen und Abschlagen des Rammlers oder Leerbleiben trotz wiederholten Deckens bei deutlicher Brunst oder Dauerbrunst trotz wiederholten Deckens. Bei Unfruchtbarkeit infolge Gebärmutterentzündung besteht häufig ein schleimig-eitriger Scheidenausfluß. Das Allgemeinbefinden ist dabei meist ungestört. Bei Rammlern mangelnde Paarungsbereitschaft.
Krankheitsfeststellung: Klinisches Bild. Die Erkennung des auslösenden Faktors ist oft schwierig. Bei Verdacht auf infektiöse Ursachen bakteriologische Untersuchung von Scheidenausfluß bzw. Präputialflüssigkeit (Labor).
Vorbeugung: Versorgung mit gehaltvollem, vitaminreichem, den Bedürfnissen von zuchtreifen Tieren angepaßtem Futter sicherstellen. Kaninchen, die Störungen beim Fortpflanzungsgeschehen zeigen, von der weiteren Zucht ausschließen. Bei Infektionskrankheiten Bestandssanierung.
Behandlung: Wenig sinnvoll. Bei Unfruchtbarkeit infolge Gebärmutterentzündung kann eine Behandlung mit Antibiotika versucht werden (nur bei sehr wertvollen Tieren!). Nach Ausheilung der Entzündung setzt der regelmäßige Brunstzyklus in der Regel wieder ein.

3.6.2 Trächtigkeitsoxämie

In manchen Beständen gehäuft auftretend, manchmal im Zusammenhang mit Fruchtbarkeitsstörungen (Verwerfen, Scheinträchtigkeit), hoher Jungtiersterblichkeit, Kannibalismus, Uterustumoren.

Ursache: Nicht völlig geklärt, wahrscheinlich Störung der Hypophysentätigkeit während der letzten Trächtigkeitsphase, Störung des Elektrolyt- und Mineralstoffhaushaltes.
Krankheitszeichen: Wenige Tage vor dem Geburtstermin einsetzende Mattigkeit, Appetitlosigkeit, Kurzatmigkeit (Azetongeruch). Verwerfen, unkoordinierte Bewegungen, Bewußtlosigkeit, Tod.

Bei der Sektion findet man starke Milchfülle im Gesäuge, starke Fetteinlagerungen in Leber, Niere und Herzmuskulatur.
Krankheitsfeststellung: Sektionsbefund, Gewebeuntersuchung (Labor).
Behandlung: Nicht möglich.

3.6.3 Abort (Fehlgeburt)

Ursache: Gebärmutterentzündung im Verlaufe bakterieller Infektionen (Listeriose, Rodentiose, Salmonellose u. a.), Trächtigkeitstoxämie, Unfall, psychische Einflüsse.
Krankheitszeichen: Geburt toter oder lebender Feten vor dem 28. bzw. nach dem 36. Tag der Tragezeit. Lebend geborene Feten sind in der Regel lebensschwach und gehen meist rasch ein.
Krankheitsfeststellung: Klinisches Bild. Sicherung der Diagnose bei infektionsbedingtem Abort durch bakteriologische Untersuchung von Scheidensekret, Nachgeburten und abortierten Feten (Mageninhalt, Leber).
Vorbeugung: Erregung tragender Häsinnen vermeiden. Futter- und Wasserversorgung sicherstellen. Bei Vorliegen von Infektionskrankheiten Tötung der infizierten Tiere und Bestandssanierung.

3.6.4 Mastitis (Milchdrüsenentzündung)

Entzündungen der Milchdrüse und deren Folgen (Milchmangel, veränderte Milchzusammensetzung) sind häufig die Ursache von Jungtierverlusten während der ersten Lebenswoche. Unhygienische Haltung, Verletzungen an den Zitzen und gute Milchleistung begünstigen ihre Entwicklung.
Ursache: Infektionen mit Staphylococcus aureus, Streptokokken und anderen Bakterien.
Krankheitszeichen: Schwellung der Zitzen und der Milchdrüse, Säugeunwilligkeit wegen starker Schmerzempfindung bei Berührung. Störung des Allgemeinbefindens, Tod. Entwicklungsstörungen bei den Jungtieren.
Krankheitsfeststellung: Klinisches Bild. Nachweis der Krankheitserreger in der Milch (Labor).

Behandlung: Vorsichtige Massage des Gesäuges zur Entfernung des Sekretes und Behandlung mit entzündungshemmenden Salben, evtl. Einsatz von Antibiotika (z.B. Penicillin, 50–100 000 IE i.m. über mehrere Tage). Nestjunge wegen der Gefahr der Erregerübertragung nicht bei anderen Häsinnen säugen lassen, sondern künstlich aufziehen!

3.6.5 Geburtsstörungen

Geburtsstörungen (Tab. 6) werden bei überzüchteten, kleineren Kaninchenrassen relativ häufig beobachtet und als Todesursache registriert. Sie gehen auf unnormale Verhältnisse im Bereich der Geburtswege bei der Häsin oder auf unphysiologische Zustände bei den Feten zurück.

Tabelle 6: Geburtsstörungen

Bezeichnung	Ursache	Behandlung, Vorbeugung
Wehenschwäche	Allgemeinerkrankungen, Konstitutions- und Konditionsschwäche; sekundär bei Schwergeburten und zahlenmäßig starken Würfen als Folge allgemeiner Erschöpfung	Unterstützung des Geburtsvorganges durch vorsichtige Bauchmassage, evtl. Hormonbehandlung
mangelhafte Entwicklung der Geburtswege	Konstitutionsmangel (zu kleines Becken, zu enge Geburtswege, Verformung der Beckenknochen)	nicht möglich; Häsinnen nicht zu früh belegen
zu große Früchte	zu starke Entwicklung der Feten bei zahlenmäßig kleinen Würfen; Mißverhältnis zwischen der Größe der Feten und der Weite der Geburtswege der Häsin (häufig bei kleinen Rassen)	nicht möglich; Verpaarung ungleich großer Kaninchen vermeiden

3.7 Jungtierkrankheiten, Frühsterblichkeit

Ein großer Teil der bei Kaninchen feststellbaren Verluste geht auf Erkrankungen bzw. Schäden während der Wachstumsperiode, besonders während der ersten Lebenswoche und der Zeit kurz nach dem Absetzen zurück. Als Ursachen kommen ungünstige Haltungsbedingungen, Verhaltensstörungen der Mutterhäsinnen und Infektionskrankheiten in Frage (Tab. 7 auf Seite 96). Betroffen sind Einzeltiere oder der gesamte Wurf.

Vorbeugung und Bekämpfung:

a) Vor der Geburt: Erregung tragender Häsinnen vermeiden (Abortgefahr). Tragende Häsinnen frühzeitig an Nestkontrollen gewöhnen. Trockene, zugluftfreie, wärmehaltende Nestboxen mit sauberer, trockener Einstreu zur Verfügung stellen. Für gehaltvolles und vitaminreiches Futter sorgen. Ausreichende Wasserversorgung sicherstellen.

b) Nach der Geburt: Erregung gebärender und säugender Häsinnen wegen Gefahr der Nestzerstörung (Folge: Unterkühlung der Jungtiere) und des Kannibalismus vermeiden. Tägliche Wurf- und Nestkontrolle (feuchte und verunreinigte Einstreu entfernen, zerstörte Nester ausbessern – Temperatur im Nest muß etwa 35 °C betragen –, außerhalb des Nestes liegende Jungtiere zurücklegen). Der Häsin ab dem 2. Tag nach der Geburt den Zugang zur Nestbox versperren und einmal täglich zum Säugen (5–10 Minuten lang) zulassen. Paarung der Häsin bei puerperaler Brunsterregung (1–2 Tage nach dem Werfen). Jungtiere frühzeitig an feste Nahrung (Aufnahme etwa ab dem 14. Lebenstag) und ggf. automatische Tränken gewöhnen. Jungtiere im Alter von 26 bis 28 Tagen absetzen und in einen gereinigten und desinfizierten Stall umsetzen (evtl. Vitaminstoß zur Minderung des Belastungsstresses). Bei Haltung von Mastkaninchen die „all in-all out-Methode" (gleichzeitige Einbzw. Ausstallung aller Tiere gleicher Altersstufen und Verwendungszwecke) anwenden. Zuchttiere räumlich getrennt von der Nachzucht halten (Häsinnen und Jungtiere stellen unterschiedliche Ansprüche an Käfigausstattung, Stallklima und Futter). Kaninchen, die mißgebildete Jungtiere geworfen haben, von der Zucht ausschließen.

Tabelle 7: Krankheiten und Verlustursachen während der Wachstumsperiode

Verlustursache	auslösender Faktor	Häufigkeit des Vorkommens	Alter bei Todeseintritt
Tod während der Geburt	zu große Früchte, Fehllagerung, Mißbildungen	Einzeltiere	
Lebensschwäche	Störung der embryonalen Entwicklung	Einzeltiere	1–2 Tage
Unterernährung	Milchmangel bei der Häsin, Säugeschwierigkeiten	Gesamtwurf	2–3 Tage
Unterkühlung	ungünstige Haltungsbedingungen (fehlerhafte Nestboxen, feuchte Nesteinstreu, Zugluft), mangelhafte Nestpflege durch die Häsin, Milchmangel	Gesamtwurf (Einzeltiere)	2–5 Tage oder später
Kannibalismus	puerperale Brunsterregung der Häsin, ungünstige Haltungsbedingungen, Wassermangel?	Gesamtwurf	2–3 Tage
Infektion (Septikämie)	Gesäugeentzündung (Staphylokokken-Infektion)	Gesamtwurf	3–5 Tage
Bakterielle Infektionen (Dysenterie, Schnupfen u. a.)	Infektion mit Pasteurellen, E. coli u. a.	Gesamtwurf (Einzeltiere)	5–12 Wochen
Endoparasitosen	Infektion mit Darm- oder Gallengangs-kokzidien	Einzeltiere (Gesamtwurf)	8–12 Wochen

3.8 Augen

Lid-/Bindehautentzündungen

sind Begleiterscheinungen spezifischer Infektionskrankheiten (Myxomatose, Treponematose, Pasteurellose u. a.), sie können aber auch durch die Einwirkung örtlich wirkender, schädigender Faktoren (Verletzungen durch Kratzen und Beißen, Fremdkörper, Zugluft, Rauch, Desinfektionsmittel und andere chemische Stoffe, Ammoniak u. a.) verursacht werden.

Krankheitszeichen sind Schwellung und Rötung der Lider und Bindehäute, wäßriger, schleimiger oder eitriger Augenausfluß, Lichtscheue; in fortgeschrittenen Fällen Schorfbildung, ekzematöse Prozesse mit Haarausfall unterhalb des Auges.

Eine Behandlung ist bei spezifischen Infektionskrankheiten nicht sinnvoll, sonst Abstellen der auslösenden Ursachen. Fremdkörper, falls vorhanden, vorsichtig entfernen. Waschung mit 2–3 %iger Borsäure, evtl. zusätzliche Anwendung von antibiotischen Augensalben. Keine Kamillenaufgüsse verwenden, da Kamille hornhauterweichende Wirkung hat!

Hornhautentzündungen

entwickeln sich häufig im Anschluß an Lid-/Bindehautentzündungen und haben ähnliche Ursachen wie diese. Typisch sind punktförmige oder diffuse Hornhauttrübungen und Entzündungsherde an einem oder an beiden Augen.

4. Stoffwechselkrankheiten

4.1 Vitaminmangel

Vitamine sind lebensnotwendige, größtenteils in Pflanzen enthaltene organische Substanzen, die dem Organismus ständig mit dem Futter zugeführt werden müssen. Sie regulieren die Stoffwechselvorgänge und sind für Wachstum, Gesundheit und Leistungsfähigkeit unentbehrlich. Bei ungenügender Aufnahme wird die allgemeine Widerstandskraft geschwächt (Tiere werden anfälliger für Krankheiten) sowie Leistung und Wachstum beeinträchtigt. Bei längerfristiger Unterversorgung können Mangelerscheinungen sichtbar werden.

Der Vitaminbedarf der Kaninchen ist eine variable Größe, die von vielen Faktoren abhängt. Belastungen (Streßsituationen) wie Infektions- und Invasionskrankheiten, Haltungsfehler, Transporte, Trächtigkeit, Verabreichung von „vitaminzehrenden Arzneimitteln" (Kokzidiostatika, Sulfonamide) u.a. erfordern höhere Vitamingaben als sonst notwendig.

Vitaminmangel kann entstehen, wenn die Wirkstoffe im Futter in zu geringer Menge vorhanden bzw. durch Schädlings- oder Pilzbefall zerstört sind oder wenn ihre Resorption im Magen-Darm-Kanal bzw. in der Leber infolge Erkrankung dieser Organe verhindert wird.

Bei herkömmlicher Fütterung mit wirtschaftseigenem Futter (einseitige Fütterung vermeiden!) ist eine ausreichende Vitaminzufuhr in der Regel gesichert. In den kritischen Wintermonaten kann die zusätzliche Verabreichung von Vitamingemischen angezeigt sein. Auch bei alleiniger Verfütterung von vitaminisierten Handelsmischfuttern wird der Bedarf normalerweise gedeckt (Verfalldatum beachten, da bei unsachgemäßer oder zu langer Lagerung der Vitamingehalt ganz oder teilweise verlorengeht!).

Vitaminunterversorgungen werden wegen ihres oft unklaren Krankheitsbildes häufig nicht erkannt, zumal ausgeprägte Krankheitserscheinungen erst nach längerer Unterversorgung auftreten (nebenstehende Tab. 8). Bei Verdacht auf Vorliegen einer Avitaminose kann durch Zufuhr des fehlenden Vitamins rasch Abhilfe geschaffen werden. Überdosierungen sind bei den Vitaminen A (Folge: erhöhte Krampfbereitschaft, Haarausfall, Knochenentkalkung) und D (Folge: Appetitlosigkeit, Abmagerung, Gefäßverkalkung, Tod) zu vermeiden.

Für das Kaninchen wichtig sind die Vitamine A, B_1, B_2, B_6, Panthotensäure, Nikotinsäure, D, E, H und K. Vitamine der B-Gruppe und Vitamin K werden vom Kaninchen als Pflanzenfresser mit einem stark ausgebildeten Blinddarm, in dem eine intensive Tätigkeit von Bakterien stattfindet, selbst synthetisiert. Durch Aufnahme des vorwiegend nachts produzierten Blinddarmkotes (Zökotrophe) ist das Kaninchen deshalb weitgehend von der Zufuhr dieser Vitamine mit dem Futter unabhängig. Vitamin-B- bzw. -K-Mangel kann nur bei längerfristiger Störung der Vitaminsynthese auftreten, z.B. bei unphysiologischer Darmflorazusammensetzung infolge anhaltender Fütterungsfehler, chronischem Darmkatarrh, Wurmbefall.

4.2 Mineralstoffmangel

Mineralstoffe sind anorganische Stoffe, die zur Aufrechterhaltung der Stoffwechselvorgänge unentbehrlich sind. Sie begünstigen und beschleunigen den Nährstofftransport, sind Bestandteile von Vitaminen, Fermenten, Hormonen und Aminosäuren und regulieren den osmotischen Druck und das Säure-Basen-Gleichgewicht. Einige dieser Stoffe werden nur in geringen Mengen

Tabelle 8: Vitaminmangelkrankheiten

Vitamin	Mangelerscheinungen	natürliches Vorkommen	pharmazeutische Präparate
A (Carotin)	Augenveränderungen, Störung des Allgemeinbefindens, Veränderungen am Nervensystem, Bewegungsstörungen (Mangelerscheinungen treten erst nach mehrwöchigem Vitamin-A-Mangel auf)	als Provitamin in Luzerne, Klee, jungem Wiesenheu, Möhren, Salat	Detavit, Lebertran u. a.
B_1 (Thiamin, Aneurin)	Lähmung der Hinterläufe, allgemeine Schwäche	Heu, Gersten-, Weizen-, Roggenschrot, Kleie, grüne Gräser, Brauereitrockenhefe, Hülsenfrüchte	B_1-Vicotrat u. a.
D (antirachitisches Vitamin)	bei Jungtieren Rachitis, mangelndes Wachstum	Heu, frischer Klee, Getreidekeimlinge; als Provitamin in Hefe	Vigantol, Lebertran, Detavit, Vitakalk u. a.
E (Antisterilitäts-Vitamin)	allgemeine Schwäche, Wachstumsstillstand, Entartung der Skelettmuskulatur, Hodendegeneration, Verwerfen?	Weizenkeime, Luzerne, Hafer, Gerste, Gemüse	Weizenkeimöl, Vitamin-E aquosum, α-Tocopherol
H (Biotin)	Hauterkrankungen	Hefe, Mais	
K	Blutungsneigung, Verwerfen	Luzerne	

benötigt (Spurenelemente). Für das Kaninchen wichtige Mineralstoffe und Spurenelemente sind Kalzium, Phosphor, Magnesium, Natrium, Chlor, Kalium, Eisen, Kupfer, Jod und andere.

Bei längerer Unterversorgung mit einem oder mehreren dieser Elemente entwickelt sich ein Mangelschaden, der wegen seines unklaren Krankheitsbildes häufig aber nicht erkannt wird (Tab. 9 auf Seite 100). Bei Verdacht auf Vorliegen eines Mineralstoffmangels kann durch Zufuhr des fehlenden Elements Abhilfe geschaffen werden. Zur Krankheitsvorbeugung ist neben einer vielseitigen und ausgeglichenen Fütterung die Zufütterung einer handelsüblichen Mineralstoffmischung zu empfehlen. Handelsmischfutter sind in der Regel ausreichend mineralisiert.

Tabelle 9: Mineralstoffmangelkrankheiten

Mineralstoff bzw. Spurenelement	Funktion im tierischen Organismus	Mangelerscheinung
Kalzium (Ca) und Phosphor (P)	Knochenbildung	Rachitis bei Jungtieren, tetanische Zustände, Fellfressen, Linsentrübung, Rippenbrüche
Magnesium (Mg)	Enzymaktivierung, Aktivierung von Stoffwechselfunktionen	Wachstumsstillstand, Haarausfall, starke Reizbarkeit, Krämpfe, allgemeine Schwäche
Mangan (Mn)	Enzymaktivierung	geringe Vitalität, Störung der Knochenentwicklung
Kalium (K)	Regulierung des Säure-Basen-Gleichgewichtes, Enzymaktivierung	Störung der Muskelaktivität, Muskelschwund
Zink (Zn)	Enzymaktivierung	Haarausfall
Eisen (Fe)	Bestandteil des Blutfarbstoffes	Blutarmut bei Jungtieren (3.–4. Woche) und in der Intensivmast
Kupfer (Cu)	Blutbildung, Enzymaktivierung	Wachstumsstörung, Haarausfall, schuppige Haut, Blutarmut, Arterienverkalkung
Jod (I)	Bestandteil des Schilddrüsenhormons	Schilddrüsenvergrößerung
Kobalt (Co)	Vitamin-B_{12}-Synthese	allgemeine Schwäche, Abmagerung

Überdosierung ist bei Molybdän (Folge: Gewichtsverlust, Blutarmut, Haarausfall, Hauterkrankung, Knochenveränderungen), Selen (Folge: Haarausfall, Lahmheit) und Fluor (Folge: Knochen- und Zahnschäden) zu vermeiden.

5. **Vergiftungen** (Intoxikationen)

Gifte sind Stoffe, die unter bestimmten Voraussetzungen und bereits in geringen Mengen einen Organismus schädigen. Die Giftigkeit eines Stoffes hängt unter anderem von der durch den Organismus aufgenommenen Menge, von seiner Löslichkeit im Magen-Darm-Kanal und von der Empfänglichkeit der betreffenden Tierart für dieses Gift ab.

Spontane Vergiftungen beim Hauskaninchen kommen verhältnismäßig selten vor. Die in böswilliger Absicht durch Verabreichung von giftigen Stoffen gewollte Vergiftung dürfte eine Ausnahme sein. Durch den in den letzten Jahren erheblich verstärkten Einsatz von chemischen Mitteln im Umfeld der Nutztiere (Reinigungsmittel, Dünge- und Schädlingsbekämpfungsmittel, Pflanzen- und Bautenschutzmittel u. a.) ist die Gefahr von Intoxikationen jedoch auch bei Kaninchen generell gestiegen. Unsachgemäße Anwendung derartiger Mittel oder unkontrollierbarer Kontakt mit ihnen haben zu einer Zunahme von Erkrankungen und Todesfällen beigetragen.

Die Erkennung von Vergiftungen ist schwierig. Die klinischen Symptome und der Sektionsbefund lassen oft nur den Verdacht aufkommen, der durch Ausschluß infektiöser, auf Haltungs- und Fütterungsfehler oder auf andere Ursachen zurückgehender Erkrankungen erhärtet wird. Gesichert ist die Diagnose jedoch erst durch den Nachweis des Giftstoffes im Magen-Darm-Inhalt oder in den Organen des betroffenen Tieres. Die hierzu erforderlichen, sehr aufwendigen physikalischen, chemischen und biologischen Nachweisverfahren können nur in Speziallabors durchgeführt werden und sind sehr kostspielig, so daß auf den Nachweis des Giftes meist verzichtet wird.

Wird böswillige Vergiftung angenommen, so muß das verdächtige Futter sichergestellt und eine toxikologische Untersuchung eingeleitet werden.

Eine Behandlung von Vergiftungen ist nur dann erfolgreich, wenn sie frühzeitig vorgenommen wird. Meist kommt sie aber zu spät. Neben dem Einsatz von spezifisch wirkenden Gegengiften ist oft auch zusätzlich eine symptomatische Behandlung (Kreislaufstütze, Leberschutz) erforderlich.

Als Ursachen von Vergiftungen kommen chemische Stoffe und pflanzliche Toxine (Giftpflanzen) in Frage.

5.1 Vergiftungen durch chemische Substanzen

Wirkstoff und Anwendungsbereich	**Vergiftungs-erscheinungen**	**Abhilfe**
Blei: **bleihaltige Farben** (Bleiweißfarben, Mennige) Farbanstrich, Rostschutz von Stalleinrichtungen	Unruhe, Speicheln, Würgen, Durchfall, Krämpfe, Zittern, Lähmungen	den Kaninchen zugängliche Stalleinrichtungen (Futterbehälter, Käfige u. a.) nicht mit bleihaltigen Farben anstreichen
Kochsalz:	Freßunlust, starker Durst, Würgen, Muskelzuckungen, Taumeln	keine stark gesalzenen Küchenabfälle verfüttern, kein Viehsalz über Rauhfutter streuen
Insektizide: **Chlorierte Kohlenwasserstoffe** (Lindan, Endrin, Aldrin u. a.) **Organische Phosphorverbindungen** (Dichlorphos u. a.) Insektenbekämpfung	Muskelzittern, starke Reizbarkeit, Krämpfe, Lähmungen, Freßunlust Bewegungsstörungen, Lähmungen	Anwendung nur im unbelegten Stall, Futtermittel vorher aus dem Stall entfernen, sonst gut abdecken; Insektizidrückstände nach der Einwirkungszeit mit viel klarem Wasser abspülen; bei Behandlung von Kaninchen mit Insektiziden (Ektoparasitenbekämpfung) Anwendungsvorschriften genau beachten
Herbizide: **Dinitrophenolverbindungen** Unkrautbekämpfung	Bewegungsstörungen, Gleichgewichtsstörungen, Krämpfe, Durchfall	Futterpflanzen, die mit Herbiziden behandelt sind, nicht verfüttern; evtl. Umstellung auf Fertigfutter
Rodentizide: **Phosphorverbindungen, Thalliumsulfat** Mäuse- und Rattenbekämpfung	Erbrechen, Unruhe, Durchfall, Zähneknirschen, kolikartige Darmkrämpfe; bei Thalliumvergiftung auch Haarausfall	beim Auslegen von Ködern darauf achten, daß diese nicht in Kaninchenfutter gelangen

Wirkstoff und Anwendungsbereich	**Vergiftungs-erscheinungen**	**Abhilfe**
Düngemittel: **Salpeterdünger** (Kalisalpeter, Natronsalpeter) **Ammoniak** Düngung von Futterflächen	Unruhe, Würgen, Erbrechen, Zittern, Krämpfe, Bewegungsstörungen	Futterpflanzen von einseitig mit Stickstoff gedüngten Flächen nicht verfüttern; Koch-, Glauber- und Bittersalz nicht mit Salpetersalzen verwechseln; evtl. Umstellung auf Fertigfutter
Holzschutzmittel: **Naphtalin-, Phenolverbindungen**	Reiz- und Entzündungserscheinungen an den Kopfschleimhäuten (Tränenfluß, Nasenausfluß) und Atembeschwerden nach Einatmung giftiger Gase; Magen-Darm-Entzündung nach Aufnahme von Dachpappe und imprägniertem Holz; Hautekzeme, Geschwürbildung nach Kontakt mit frisch imprägnierten Materialien	Anwendung von Holzschutzmitteln nur im unbelegten Stall; Stall mehrere Tage lang gut lüften; kein frisch imprägniertes Holz verbauen
Napthalin-, Phenol- und Kresolverbindungen	Hyperkeratose (Läufe, Lippen) nach direktem Kontakt mit bzw. Benagen von Dachpappe und imprägniertem Holz	
Arzneimittel: **Kokzidiostatika, Sulfonamide, Antibiotika**	Wachstumsstörung, Durchfall, Haarausfall, allgemeine Schwäche, Fruchtbarkeitsstörung	Einsatz von Arzneimitteln nur nach tierärztlicher Anordnung, Überdosierung und zu lange Verabreichung der Präparate vermeiden, Vitaminstoß nach Beendigung der Behandlung

Wirkstoff und Anwendungsbereich	Vergiftungs-erscheinungen	Abhilfe
Desinfektionsmittel: **Formaldehyd** Raumdesinfektion durch Begasung mit Formalin	Reiz- und Entzündungserscheinungen an den Kopfschleimhäuten (Tränenfluß, Nasenausfluß), Niesen, häufiges Putzen	Desinfektionsmittel nicht in der Nähe von Futtermitteln lagern; Anwendungsvorschriften genau beachten; Anwendung nur im unbelegten Stall;
Phenol- und Kresolpräparate Desinfektion von Käfigen bzw. Buchten und Stallgeräten	Lokale Verätzungen, Unruhe, Erbrechen, Speicheln, Krämpfe, Lähmungen Sektionsbefund: weißgraue Ätzschorfe auf den Schleimhäuten der oberen Verdauungswege, toxische Leberverfettung	Futtermittel vorher aus dem Stall entfernen; sonst gut abdecken; Stall gut austrocknen lassen (mehrere Tage lang lüften)
Kalkverbindungen (Löschkalk, Branntkalk) Kalken von Buchten und Stallungen	Lokale Verätzungen (nässende, z.T. blutige und verschorfte Bezirke) an den Sohlenflächen der Läufe und am Kopf (Nase, Lippen), Juckreiz, starke Unruhe; Verätzungen in Mundhöhle, Speiseröhre und Magen nach Aufnahme von Löschkalk	größere Kalkspritzer entfernen, Stall gut austrocknen lassen, Futterkalk nicht mit Löschkalk verwechseln

5.2 Vergiftungen durch Giftpflanzen

Wildtiere meiden instinktiv giftige Pflanzen, Hauskaninchen sind auf die vom Menschen dargereichten Futtermittel angewiesen und haben diese Möglichkeit nur in begrenztem Maße. Bei herkömmlicher Fütterung sind deshalb Erkrankungen nach Aufnahme von Giftpflanzen nicht selten. Eine Reihe von Pflanzen, die an Feldrändern und auf Nutzflächen wachsen, von denen Futter für Kaninchen gewonnen wird, wirken – besonders in frischem Zustand – auf Kaninchen mehr oder weniger toxisch, z.B. Herbstzeitlose, Kreuzkrautarten, Wolfsmilch (alle noch im Heu giftig), Steinklee, Nachtschatten, Lupinen, Gänsesterbe, Kartoffelkeime und andere.

Die Krankheitserscheinungen sind uncharakteristisch. Verdächtig sind Unruhe, Futterverweigerung, Erbrechen, Krämpfe, Lähmungen, blutiger Durchfall, besonders dann, wenn mehrere oder alle Kaninchen eines Bestandes erkranken oder plötzlich verenden. Jungtiere und in der Widerstandskraft geschwächte Kaninchen sind in der Regel stärker betroffen als andere Tiere.

Bei der Sektion findet man manchmal eine degenerative Leberverfettung, besonders bei Vergiftungen durch Lupinen und Wicken.

Bei Verdacht auf Vorliegen einer Vergiftung das Futter absetzen, alle Futterreste sowie die Einstreu entfernen und eine diätetische Behandlung einleiten.

6. Erbkrankheiten

Akrobatik

Rezessiv vererbbar, bei Holländer-Kaninchen. – Unphysiologische Haltung (Stehen bzw. Laufen auf den Vorderbeinen mit hochgereckten Hinterbeinen – Handstand).

Epilepsie

Rezessiv vererbbar, bei Weißen Wienern. – Epileptische Anfälle, die besonders bei Jungtieren (6–8 Wochen alt) auftreten und etwa 3–5 Minuten andauern.

Ataxie

Rezessiv vererbbar, bei Chinchilla. – Unkontrollierte Bewegungen (Rollbewegung, Zittern, Paddelbewegung mit den Hinterläufen).

Schüttellähmung

Rezessiv vererbbar, bei Chinchilla. – Muskelzittern, fortschreitende Lähmung der Hinterläufe und schließlich des gesamten Körpers.

Spastische Spinalparalyse

Rezessiv vererbbar, bei Englischen Schecken häufiger zu beobachten. – Spastische Lähmung der Hinterläufe, die eine koordinierte Bewegung unmöglich macht.

Syringomyelie

Rezessiv vererbbar. Unheilbare Krankheit, die erst nach Eintritt der Geschlechtsreife erkennbar wird und durch spastische Lähmung der Hinterläufe gekennzeichnet ist. Infolge einseitiger Versteifung und Verdrehung der Hintergliedmaßen kann sich das Tier in fortgeschrittenem Stadium nur noch rutschend fortbewegen.

Syringomyelie. Lähmung des rechten Hinterlaufes.

Star (Juveniles Glaukom, Hydrophthalmus)

Einfacher rezessiver Erbgang oder unvollständige Dominanz mit 40–60 %iger Penetranz bei Weißen Neuseeländern, Loh braun und anderen Rassen. – Leichte Trübung der hinteren Linsenwand, ein- oder beidseitig, bei Neugeborenen bereits erkennbar. Zunahme der Eintrübung bis zur vollständigen Linsentrübung im Verlaufe mehrerer Wochen (6–12 Wochen). Der Augapfel ist infolge erhöhten Augendrucks prall gefüllt und tritt hervor. Bei ausschließlicher Trockenfütterung wird der Prozeß verzögert, bei reichlicher Naßfütterung beschleunigt.

Star. Vollständige Linsentrübung, Vorquellen der Augäpfel.

Brachygnathie

Rezessiv vererbbar mit unvollständiger Penetranz (81 %). Sehr häufig auftretend. Zu langer Unterkiefer im Verhältnis zum Oberkiefer, dadurch ungleichmäßige Abnutzung der Schneidezähne und als Folge davon ihr ungehindertes Wachsen (untere Schneidezähne wachsen nach vorne aus der Mundspalte heraus, obere Zähne rollen sich nach innen in die Mundhöhle ein). Die Futteraufnahme kann dadurch erschwert oder unmöglich gemacht werden.

Haarlosigkeit (Alopezie)

Rezessiv vererbbar. Gelegentlich bei englischen Rassekaninchen (z. B. Englische Schecken) zu beobachten.

Pelger-Anomalie

Dominant vererbbar. – Hemmung der Kernsegmentierung bei den weißen Blutkörperchen sowie Störung der Verknöcherungsvorgänge. Eintritt des Todes während der Embryonalentwicklung oder kurz nach der Geburt.

Bei Feststellung einer Erbkrankheit die Erbträger von der Nachzucht auszuschließen!

7. **Neubildungen** (Geschwülste)

Spontan auftretende Geschwülste werden bei Kaninchen nur selten beobachtet und meist erst bei der Schlachtung oder bei der Zerlegung getöteter oder verendeter Tiere festgestellt. Sie haben ihren Sitz in den verschiedensten Organen (Uterus, Leber, Haut, Darm, Lunge u. a.) und sind vom Zelltyp her als Adenome, Fibrome, Sarkome oder Karzinome anzusprechen. Am häufigsten treten Adenokarzinome der Gebärmutter auf, besonders bei intensiv gehaltenen Tieren. Sie können Ursache von Verwerfen, Sterilität oder Scheinträchtigkeit sein und entwickeln sich bei Störungen des hormonellen Gleichgewichtes.

Da bei der Entwicklung von Geschwülsten möglicherweise erbliche Veranlagungen eine Rolle spielen, sollten Tiere aus Linien, bei denen Neubildungen festgestellt werden, nicht zur Nachzucht verwendet werden.

8. Wichtige Kaninchenkrankheiten – Übersicht

	Pasteurellose	Rodentiose
Erreger/ Ursache	Pasteurella multocida	Yersinia pseudotuberculosis
Betroffene Organe	Atmungsorgane (Nasen-, Nasennebenhöhlen, Lunge), Auge, Ohr, Milz, Leber, Darm, Haut, Gelenke, Uterus	Milz, Leber, Darm, Niere, Lunge
Krankheits-zeichen	Nasenausfluß, Niesen, Atembeschwerden, Lid-/Bindehautentzündung, Schiefhalten des Kopfes, Drehbewegungen, Scheidenausfluß, Abszesse in der Haut, Gelenkentzündung	Wenig charakteristisch; zunehmende Abmagerung, eventuell Durchfall, Atembeschwerden
Krankheits-feststellung	Klinisches Bild, Sektionsbefund, Erregernachweis (Nasenabstrich)	Sektionsbefund, Gewebeuntersuchung, Erregernachweis
Behandlung	Wenig erfolgversprechend, eventuell Behandlung mit Antibiotika nach Resistenztestung Rezidivneigung!	Wenig erfolgversprechend, eventuell Behandlung mit Antibiotika nach Resistenztestung
Vorbeugung* ***a) = allgemein** **b) = nach Krankheits-feststellung**	a) allgemeine Hygienemaßnahmen, Quarantäne bei Neueinstellungen b) Ausmerzung der Keimträger (Nasenabstriche!), Verbesserung der stallklimatischen Bedingungen, Reinigung und Desinfektion	a) Quarantäne bei Neueinstellungen, konsequente Mäuse- und Rattenbekämpfung b) Tötung der kranken und krankheitsverdächtigen Tiere, Reinigung und Desinfektion
Beschrieben auf Seite	**21**	**28**

	Tularämie	**Listeriose**
Erreger/ Ursache	Francisella tularensis	Listeria monocytogenes
Betroffene Organe	Milz, Leber, Lunge, Lymphknoten	Leber, Milz, Darm, Gehirn, Uterus
Krankheits-zeichen	Störung des Allgemein-befindens; rascher Krankheitsverlauf	Oft wenig ausgeprägt; Störung des Allgemein-befindens, zentralnervöse Symptome, (Schiefhalten des Kopfes, Drehbewegungen, unnormale Beinstellung), Verwerfen gegen Ende der Trächtigkeit
Krankheits-feststellung	Erregernachweis	Erregernachweis
Behandlung	Nicht zu empfehlen, eventuell Behandlung mit Antibiotika	Wenig aussichtsreich, eventuell Behandlung mit Antibiotika nach Resistenztestung
Vorbeugung* ***a) = allgemein** **b) = nach Krankheits-feststellung**	a) konsequente Mäuse- und Rattenbekämpfung b) Tötung der kranken Tiere, Reinigung und Desinfektion	a) allgemeine Hygienemaßnahmen b) Ausschluß von der Nachzucht
Beschrieben auf Seite	**29**	**33**

	Dysenterie	Treponematose
Erreger/ Ursache	E. coli, Cl. perfringens u. a.	Treponema cuniculi
Betroffene Organe	Darm, Leber	Geschlechtsorgane, Kopf, Gesäuge
Krankheits-zeichen	Durchfall, Störung des Allgemein-befindens; rascher Krankheitsverlauf	Entzündung der Genital-schleimhäute, Knötchen- und Geschwür-bildung an den Genitalien, Ausfluß, sekundär: Knötchen- und Geschwürbildung an Kopf, Gesäuge und anderen Körperstellen, Haarausfall
Krankheits-feststellung	Sektionsbefund, Erregernachweis	Klinisches Bild, Erregernachweis
Behandlung	Antibiotika oder Sulfonamide nach Resistenztestung, Diät	Behandlung mit Penicillin
Vorbeugung* ***a) = allgemein** **b) = nach Krankheits-feststellung**	a) allgemeine Hygiene-maßnahmen, Drahtboden-haltung, eventuell Medizinalfutter b) Tötung oder Behandlung kranker Tiere, Reinigung und Desinfektion, Futterrationierung bei Jungtieren	a) Quarantäne bei Neueinstellungen b) Tötung oder Behandlung der erkrankten Tiere, Reinigung und Desinfektion
Beschrieben auf Seite	**37**	**34**

	Myxomatose	Hämorrhagische Krankheit (RVHD)
Erreger/ Ursache	Myxomvirus	Calicivirus
Betroffene Organe	Augenlider, Haut im Bereich der Augen, Nase, Lippen, Ohren, Geschlechtsteile u. a. Körperteilen	Leber, Milz, Niere, Atemwege, Lunge, Thymus
Krankheits-zeichen	Störung des Allgemeinbefindens; Lid-/Bindehautentzündung, eitriger Augenausfluß, Schwellungen im Kopfbereich und an den Geschlechtsteilen; in fortgeschrittenem Stadium derbe Hautverdickungen an vielen Körperteilen	Benommenheit, Atembeschwerden, Fieber, Erstickungskrämpfe
Krankheits-feststellung	Klinisches Bild, Erregernachweis (Tierversuch)	Klinisches Bild, Sektions-befund, Erregernachweis, Antikörpernachweis
Behandlung	Nicht möglich	Nicht möglich
Vorbeugung* ***a) = allgemein** **b) = nach Krankheits-feststellung**	a) Schutz vor Insekten-anflug, konsequente Insektenbekämpfung, strenge Quarantäne, Verzicht auf Grünfutter, Schutzimpfung b) Tötung kranker und ver-dächtiger Tiere, Reinigung und Desinfektion	a) Quarantäne bei Neuein-stellungen, Schutz vor Insektenanflug, Schutzimpfung b) Tötung kranker und verdächtiger Tiere, Reinigung und Desinfektion
Beschrieben auf Seite	**43**	**47**

	Darmkokzidiose	**Gallengangs-Kokzidiose**
Erreger/ Ursache	verschiedene Eimeriaarten	Eimeria stiedae
Betroffene Organe	Dünn- und Blinddarm	Leber, Gallengänge
Krankheits- zeichen	bei geringgradigem Befall symptomlos, sonst Appetitlosigkeit, Abmagerung, Durchfall	bei geringgradigem Befall symptomlos, sonst Appetitlosigkeit, Abmagerung, Verstopfung, Aufblähung, Leberschwellung
Krankheits- feststellung	Sektionsbefund, Gewebeuntersuchung, Oozystennachweis (Kot)	Sektionsbefund, Gewebeuntersuchung, Oozystennachweis (Kot, Leberknötchen)
Behandlung	Behandlung mit Sulfonamiden oder Kokzidiostatika	Behandlung mit Sulfonamiden oder Kokzidioastastika
Vorbeugung* ***a) = allgemein** **b) = nach Krankheits-feststellung**	a) allgemeine Hygienemaßnahmen, Haltung der Tiere auf Drahtboden, sonst häufiger Einstreuwechsel, frühzeitiges Absetzen der Jungtiere, eventuell Verabreichung von Kokzidiostatika b) Reinigung und Desinfektion, Verbesserung der Hygienebedingungen	
Beschrieben auf Seite	**58**	**61**

	Wurmbefall	Finnenbefall
Erreger/ Ursache	verschiedene Magen-Darmwürmer	Finnen verschiedener Hunde- und Katzenbandwürmer
Betroffene Organe	Magen, Darm	Leber, Gehirn, Gekröse, Lunge, Bindegewebe, Muskulatur u. a.
Krankheits-zeichen	bei geringgradigem Befall symptomlos, sonst Abmagerung, Verstopfung oder Durchfall, Blutarmut, allgemeiner Kräfteschwund trotz guter Futteraufnahme	bei geringgradigem Befall symptomlos, sonst Blutarmut, Abmagerung, Verstopfung, eventuell Bewegungs-störungen (Dreh- und Zwangs-bewegungen)
Krankheits-feststellung	Sektionsbefund, Nachweis der Parasiten oder deren Eier (Kot)	Sektionsbefund, Nachweis der Parasiten
Behandlung	Behandlung mit Anthelminthika	Nicht möglich
Vorbeugung* *a) = allgemein b) = nach Krankheits-feststellung	a) allgemeine Hygienemaßnahmen, Quarantäne bei Neueinstellungen, Drahtbodenhaltung b) Reinigung und Desinfektion, Verbesserung der Hygienebedingungen	a) allgemeine Hygienemaß-nahmen, Verzicht auf Grünfutter, Fernhalten von Hunden und Katzen b Tötung kranker und ver-dächtiger Tiere (nicht an Hunde verfüttern!), Reini-gung und Desinfektion, Umstellung auf Trocken-fütterung
Beschrieben auf Seite	**65**	**69**

	Ohrräude	**Räude**
Erreger/ Ursache	Psoroptes cuniculi	Sarcoptes scabiei, Notoedres cati
Betroffene Organe	Ohren, Pfoten	Kopf (Lippen, Nase, Augen) Pfoten, Rumpf
Krankheits-zeichen	Bläschen-, Pustel- und Borkenbildung, Juckreiz Kopfschütteln	Bläschen-, Pustel- und Schuppenbildung, Juckreiz
Krankheits-feststellung	Klinisches Bild, Nachweis der Milben	Klinisches Bild, Nachweis der Milben
Behandlung	Behandlung mit Kontaktinsektiziden	Behandlung mit Kontaktinsektiziden
Vorbeugung* ***a) = allgemein** **b) = nach Krankheits-feststellung**	a) Quarantäne bei Neueinstellungen b) Isolierung und Behandlung kranker Tiere, Reinigung und Desinfektion	a) Quarantäne bei Neueinstellungen b) Isolierung und Behandlung kranker Tiere, Reinigung und Desinfektion
Beschrieben auf Seite	**73**	**74**

	Trommelsucht	Magenüberladung
Erreger/ Ursache	Gärungsvorgänge im Magen-Darm-Trakt	Übermäßige Futteraufnahme
Betroffene Organe	Magen, Darm	Magen, Darm
Krankheitszeichen	Aufblähung, Schmerzäußerungen (Zähneknirschen, Trommeln mit den Vorderläufen), Atemnot	Aufblähung, Atemnot
Krankheitsfeststellung	Klinisches Bild, Sektionsbefund	Klinisches Bild, Sektionsbefund
Behandlung	Massieren des Hinterleibes, eventuell Punktion, Diät	Massieren des Bauches, evtl. Verabreichung von krampflösenden Mitteln, Diät
Vorbeugung* ***a) = allgemein** **b) = nach Krankheitsfeststellung**	a) langsame Futterumstellung im Frühjahr, allgemeine Fütterungshygiene b) Futterrationierung, eventuell Futterumstellung	a) Futterrationierung nach Hungerperioden, Sicherung der Wasserversorgung b) eventuell Futterumstellung
Beschrieben auf Seite	**83**	**84**

	Vergiftungen	**Mastitis**
Erreger/ Ursache	Verschiedene chemische Substanzen, Giftpflanzen	Staphylococcus aureus, Streptokokken u. a.
Betroffene Organe	Magen, Darm, Gehirn, Haut im Kopfbereich und an den Pfoten	Milchdrüse
Krankheits-zeichen	Unruhe, Würgen, Schmerzäußerungen, Bewegungsstörungen, Krämpfe, Durchfall, Haarausfall, Hautekzeme, Geschwürbildung	Schwellung der Milchdrüse, Säugeunwilligkeit, Störung des Allgemeinbefindens, Entwicklungsstörungen bei Nestjungen
Krankheits-feststellung	Klinisches Bild, Sektionsbefund, Nachweis des Giftes	Klinisches Bild, Erregernachweis (Milch)
Behandlung	Wenig erfolgversprechend	Behandlung mit Antibiotika
Vorbeugung* ***a) = allgemein** **b) = nach Krankheits-feststellung**	a) Vorsicht beim Umgang mit Reinigungs-, Dünge- und Schädlingsbekämpfungsmitteln, Überdosierung bei Arzneimitteln vermeiden b) Beseitigung der auslösenden Faktoren, Anwendungsvorschriften beachten	a) allgemeine Hygienemaßnahmen b) Jungtiere wegen möglicher Erregerübertragung nicht bei anderen Häsinnen saugen lassen
Beschrieben auf Seite	**101**	**93**

	Wunde Läufe	Kannibalismus
Erreger/ Ursache	Haltungsfehler	Fütterungs- und Haltungsfehler, Brunsterregung, Mastitis
Betroffene Organe	Hinterläufe	
Krankheitszeichen	Bewegungsunlust, Schmerzäußerungen beim Auftreten, Schorf- und Borkenbildung, sekundär: Abszeß- und Geschwürbildung	gesteigerte Unruhe mangelhafte Nest- und Jungtierpflege, Säugeunwilligkeit, Totbeißen der Jungtiere
Krankheitsfeststellung	Klinisches Bild	Klinisches Bild
Behandlung	Wundversorgung, bei bakterieller Infektion örtliche Behandlung mit Antibiotika	Bei Mastitis Behandlung mit Antibiotika, Ammenaufzucht der Jungtiere
Vorbeugung* ***a) = allgemein** **b) = nach Krankheitsfeststellung**	a) allgemeine Hygienemaßnahmen b) Beseitigung der auslösenden Faktoren, bei einstreuloser Haltung Auflagenflächen vergrößern, Verbesserung der Hygienebedingungen	a) allgemeine Hygienemaßnahmen, Paarung der Häsin bei Brunsterregung (1–2 Tage nach der Geburt), Trennung der Häsin von den Jungtieren b) Beseitigung der auslösenden Faktoren, Häsin von der Nachzucht ausschließen
Beschrieben auf Seite	**87**	**–**

	Unfruchtbarkeit	Trichophytie
Erreger/ Ursache	Infektionen, hormonelle Störungen u. a.	Trichophyton mentagrophytes
Betroffene Organe		Kopf, Rumpf, Läufe
Krankheits-zeichen	Fehlende Brunst, Abschlagen des Rammlers, Leerbleiben, Dauerbrunst, Scheidenausfluß; bei Rammlern Paarungsunwilligkeit	Haarausfall, Schuppenbildung, Juckreiz, Störung des Allgemeinbefindens
Krankheits-feststellung	Klinisches Bild, bei Infektionen Erregernachweis	Klinisches Bild, Erregernachweis (Hautgeschabsel)
Behandlung	Wenig erfolgversprechend, bei Infektionen eventuell Behandlung mit Antibiotika	Behandlung mit Antimykotika
Vorbeugung* ***a) = allgemein** **b) = nach Krankheits-feststellung**	a) allgemeine Hygiene-maßnahmen, gehaltvolle und vitaminreiche Fütterung b) Beseitigung der auslösenden Faktoren, betroffene Tiere von der Nachzucht ausschließen	a) Quarantäne bei Neueinstellungen b) bei Einzelerkrankungen Ausmerzung der befallenen Tiere, Reinigung und Desinfektion
Beschrieben auf Seite	**92**	**55**

III. Anhang

9. Physiologische Daten

Rektaltemperatur:	38,5–40,0 °C (im Mittel 39,5 °C). Rassen- und Altersunterschiede (höhere Werte bei Jungtieren und Kaninchen kleiner Rassen); bei Trächtigkeit, Brunst, Erregung, hoher Stallufttemperatur Steigerung der Körpertemperatur.
Herzschlagfrequenz:	150–250 Schläge/Minute. Rassen- und Altersunterschiede (höhere Werte bei Jungtieren und Kaninchen kleiner Rassen); bei Trächtigkeit, Brunst, Erregung, Bewegung, hoher Stallufttemperatur Steigerung der Herzschlagfrequenz.
Atemfrequenz:	50–60 (Jungtiere 60–100) Atemzüge/Minute. Bei Trächtigkeit, Futteraufnahme, Erregung, hoher Stallufttemperatur, Sauerstoffmangel Steigerung der Atemfrequenz.
Geschlechtsreife:	4–6 Monate
Zuchtreife:	5½–8 Monate (Rammler etwas später als Häsinnen; kleine Rassen und Kreuzungen frühreifer, große Rassen spätreifer).
Brunst:	Ständige Deckbereitschaft. Eisprung wird durch die Paarung oder durch Hormoninjektion ausgelöst. Bei Haltung der Tiere ohne Lichtprogramm größte Paarungsbereitschaft: Januar–Mai, niedrigste Paarungsbereitschaft: Oktober–Dezember. Nach dem Werfen erneute Brunst am 1. oder 2. Tag bzw. nach dem Absetzen der säugenden Jungtiere; sterile Paarung verursacht eine 16 Tage dauernde Scheinträchtigkeit.
Tragezeit:	28–35 Tage (im Mittel 30–32 Tage)
Wurfgröße:	1–12 (große individuelle und rassebedingte Schwankungen). Die Jungen sind Nesthocker, sehr empfindlich gegenüber Unterkühlung und auf die mütterliche Pflege angewiesen; sie werden blind geboren, die Augen öffnen sich etwa am 10. Lebenstag, feste Nahrung wird etwa ab dem 14. Tag aufgenommen.
Säugezeit:	6–8 Wochen Verkürzung auf 25–28 Tage ist ohne nachteilige Folgen für die Jungtiere möglich und bei Wiederbelegung der Häsin kurz nach dem Werfen auch erforderlich.

10. Sektionstechnik

Kaninchen in Rückenlage fixieren, Fell nicht abziehen.

Haut vom Halseingang bis zum Beckenrand aufschneiden, stumpf lösen und nach Anlegen seitlicher Einschnitte zur Seite legen.

Bauchdecke in der Mittellinie vom Brustbein bis zum Becken durchschneiden (Magen und Darm nicht anschneiden!) und nach Anlegen von Querschnitten zur Seite legen.

Die Bauchhöhlenorgane, bedeckt vom Netz, sind nun in natürlicher Lage sichtbar. Auf Lage, Aussehen und Beschaffenheit der Bauchorgane, vermehrte Bauchhöhlenflüssigkeit und unnormalen Bauchhöhleninhalt achten.

Bauch- und Brustorgane werden durch das Zwerchfell, dem die Leber eng anliegt, begrenzt. Unmittelbar anliegend folgt der Magen, der durch die Leber teilweise bedeckt wird und seinerseits die Milz überlagert (linke Körperseite). Die rechte Bauchhöhlenseite wird durch die Blinddarm-, die linke Seite durch die Dünndarmschlingen ausgefüllt. Vom Beckenrand aus ragt die Harnblase je nach Füllungszustand unterschiedlich weit in die Bauchhöhle hinein.

Die Milz zusammen mit dem Netz nach Lösung der Verbindungen zum Magen herausnehmen. Speiseröhre vor dem Magen und Mastdarm unmittelbar vor dem Beckenrand durchtrennen (evtl. vorher abbinden) und den gesamten Magen-Darm-Trakt nach Lösung seiner Aufhängebänder herausnehmen. Darmschlingen voneinander lösen. Magen und Darm der Länge nach aufschneiden. Leber, Nieren und ggf. die Geschlechtsorgane aus der Bauchhöhle herausnehmen.

Zur Eröffnung der Brusthöhle das Zwerchfell entfernen und die seitliche Brustwand (Brustmuskulatur, Rippen) durchtrennen.

Brustbein-Rippenteil herausschneiden. Luft- und Speiseröhre durch einen Schnitt vom Brusteingang bis zum Kinnwinkel freilegen und zusammen mit dem Herzen und der Lunge herausnehmen. Auf vermehrte Brusthöhlen- und Herzbeutelflüssigkeit achten.

Bei Bedarf den Schädel vorsichtig aufsägen, die Nasenhöhlen freilegen und ggf. das Gehirn entnehmen.

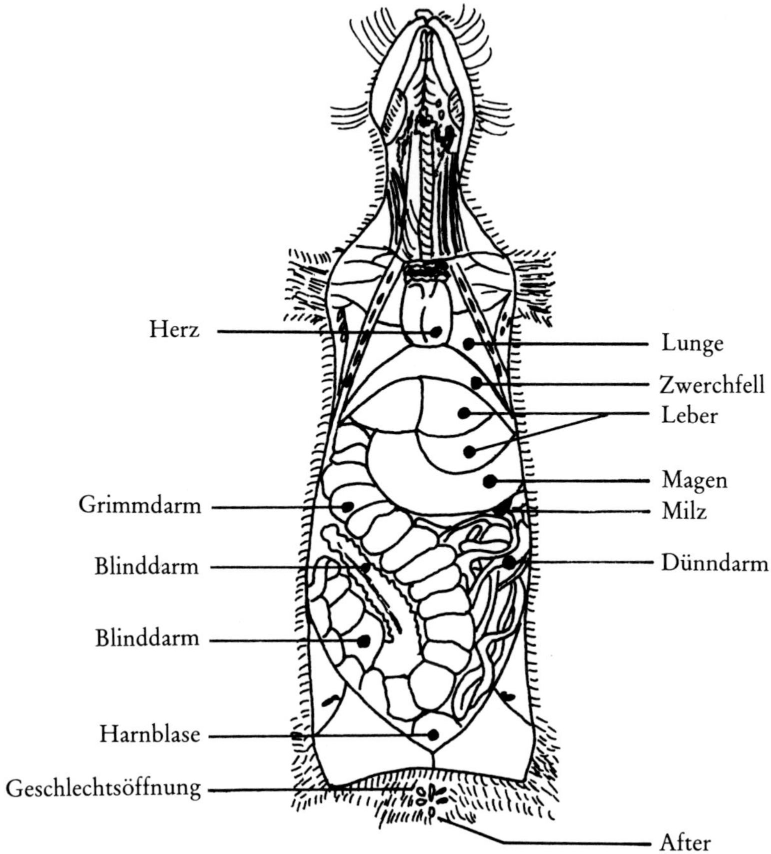

Lage der Eingeweide nach Eröffnung der Bauch- und Brusthöhle.

11. Tierärztliche Untersuchungsstellen

Baden-Württemberg

88326 Aulendorf:	Staatl. Tierärztliches Untersuchungsamt, Löwenbreitestraße 20, Tel. 07525/2020
79108 Freiburg:	Tierhygienisches Institut, Am Moosweiher 2, Tel. 0761/16011
69115 Heidelberg:	Staatl. Tierärztliches Untersuchungsamt, Czernyring 22 a/b, Tel. 06221/506-6
70174 Stuttgart:	Staatl. Tierärztliches Untersuchungsamt, Azenbergstraße 16, Tel. 0711/2023-340 oder 336

Bayern

85586 Poing-Grub:	Tiergesundheitsdienst Bayern e. V., Senator-Gerauer-Straße 23, Tel. 089/9091-0, Expreßstation: 85622 Feldkirchen bei München
90419 Nürnberg:	Landesuntersuchungsamt für das Gesundheitswesen Nordbayern, Heimerichstraße 31, Tel. 0911/37145
85758 Oberschleißheim:	Landesuntersuchungsamt für das Gesundheitswesen Südbayern, Veterinärstraße 2, Tel. 089/31560-1
93055 Regensburg:	Tiergesundheitsdienst Bayern e. V., Geschäftsstelle Oberpfalz-Süd, An der Irler Höhe 3 a, Tel. 0941/792296.

Berlin

10557 Berlin:	Landesuntersuchungsinstitut für Lebensmittel, Arzneimittel und Tierseuchen, Invalidenstraße 60, Tel. 030/39705380

Brandenburg

03044 Cottbus:	Staatl. Veterinär- und Lebensmitteluntersuchungsamt, Schlachthofstraße 18, Tel. 0355/7823-0
15234 Frankfurt/Oder:	Staatl. Veterinär- und Lebensmitteluntersuchungsamt, Fürstenwalder Poststraße 73, Tel. 0335/326080
14469 Potsdam-Bornstedt:	Staatl. Veterinär- und Lebensmitteluntersuchungsamt, Pappelallee 2, Tel. 0331/3120

Bremen

28217 Bremen:	Staatl. Veterinäruntersuchungsamt, Utbremer Straße 67, Tel. 04 21 / 3 97 81 06
27572 Bremerhaven-F.:	Staatl. Veterinäramt, Freiladestraße 1, Tel. 04 71 / 7 50 38-9

Hamburg

20357 Hamburg:	Veterinäruntersuchungsanstalt, Lagerstraße 36, Tel. 0 40 / 35 04-29 10

Hessen

60528 Frankfurt:	Staatl. Medizinal-, Lebensmittel- und Veterinär-Untersuchungsamt, Deutschordenstraße 48, Tel. 0 69 / 67 80 20
35396 Gießen:	Staatl. Medizinal-, Lebensmittel- und Veterinäruntersuchungsamt Mittelhessen, Marburger Straße 54, Tel. 06 41 / 30 06-0
34131 Kassel:	Staatl. Medizinal-, Lebensmittel- und Veterinär-Untersuchungsamt, Druseltalstraße 67, Tel. 05 61 / 3 10 10

Mecklenburg-Vorpommern

17034 Neubrandenburg:	Landesveterinär- und Lebensmitteluntersuchungsamt, Demminer Straße 46–48, Tel. 03 95 / 4 22 20 11
18059 Rostock:	Landesveterinär- und Lebensmitteluntersuchungsamt, Thierfelderstraße 18–19, Tel. 03 81 / 3 76 21
19057 Schwerin-Neumühle:	Landesveterinär- und Lebensmitteluntersuchungsamt, Neumühler Straße 10–12, Tel. 03 85 / 5 75 01

Niedersachsen

26603 Aurich:	Tiergesundheitsamt – Nebenstelle, Am Pferdemarkt 1, Tel. 0 49 41 / 25 01
38124 Braunschweig:	Staatl. Veterinär-Untersuchungsamt, Dresdener Straße 6, Tel. 05 31 / 4 84-10 00
37073 Göttingen:	Tierärztliches Institut der Universität, Groner Landstraße 2, Tel. 05 51 / 39 33 91
30173 Hannover:	Staatl. Veterinär-Untersuchungsamt, Eintrachtweg 17, Tel. 05 11 / 2 88 97-0

26121 Oldenburg i. O.:	Tiergesundheitsamt der Landwirtschaftskammer Weser-Ems, Mars-la-Tour-Straße 1, Tel. 04 41 / 80 16 44-5
49082 Osnabrück:	Tiergesundheitsamt – Nebenstelle, Am Schölerberg 7, Tel. 05 41 / 56 00 80-37
49716 Meppen:	Tiergesundheitsamt – Nebenstelle, August-Frieshof-Straße 1, Tel. 0 59 31 / 70 15
21680 Stade:	Staatl. Veterinär-Untersuchungsamt, Heckenweg 6, Tel. 0 41 41 / 21 90

Nordrhein-Westfalen

59821 Arnsberg:	Staatl. Veterinär-Untersuchungsamt, Zur Taubeneiche 10/12, Tel. 0 29 31 / 80 90
53229 Bonn (Roleber):	Tiergesundheitsamt der Landwirtschaftskammer Rheinland, Siebengebirgsstraße 200, Tel. 02 28 / 4 34-0
32756 Detmold:	Staatl. Veterinär-Untersuchungsamt, Westerfeldstraße 1, Tel. 0 52 31 / 2 68 54-55
47798 Krefeld:	Staatl. Veterinär-Untersuchungsamt, Deutscher Ring 100, Tel. 0 21 51 / 8 49-0
49149 Münster:	Staatl. Veterinär-Untersuchungsamt, von-Esmarch-Straße 12, Tel. 02 51 / 89 03-0

Rheinland-Pfalz

56073 Koblenz:	Landes-Veterinäruntersuchungsamt für Rheinland-Pfalz, Blücherstraße 34, Tel. 02 61 / 40 40 50

Saarland

66121 Saarbrücken:	Institut für Gesundheit und Umwelt, Abt. Veterinärmedizin, Hellwigstraße 8–10, Tel. 06 81 / 6 04-272

Sachsen

09126 Chemnitz:	Landesuntersuchungsanstalt für das Gesundheits- und Veterinärwesen, Zschopauer Straße 186, Tel. 03 71 / 5 02 51
01217 Dresden:	Landesuntersuchungsanstalt für das Gesundheits- und Veterinärwesen, Reichenbachstraße 71/73, Tel. 03 51 / 4 73 45

04008 Leipzig:	Landesuntersuchungsanstalt für das Gesundheits- und Veterinärwesen, Goldschmidtstraße 21, Tel. 03 41 / 29 36 77

Sachsen-Anhalt

06112 Halle:	Landesveterinär- und Lebensmitteluntersuchungsamt, Freiimfelder Straße 66/68, Tel. 03 45 / 3 82 31
39554 Stendal:	Landesveterinär- und Lebensmitteluntersuchungsamt, Haferbreiter Weg 132-135, Tel. 0 39 31 / 21 61 03

Schleswig-Holstein

24116 Kiel:	Institut für Tiergesundheit und Lebensmittelqualität der Landwirtschaftskammer Schleswig-Holstein, Gutenbergstraße 77, Tel. 04 31 / 1 69 04-0
24537 Neumünster:	Lebensmittel- und Veterinär-Untersuchungsamt des Landes Schleswig-Holstein, Max-Eyth-Straße 5, Tel. 0 43 21 / 56 09-0

Thüringen

07743 Jena:	Medizinal-, Lebensmittel- und Veterinäruntersuchungsamt, Naumburger Straße 96 b, Tel. 0 36 41 / 41 11 10
99947 Bad Langensalza:	Medizinal-, Lebensmittel- und Veterinäruntersuchungsamt, Tennstedter Str. 29, Tel. 0 36 03 / 5 11
98607 Meiningen:	Medizinal-, Lebensmittel- und Veterinäruntersuchungsamt, Johannes-Brahms-Straße 15, Tel. 0 36 93 / 7 62 12

Bildernachweis

Dr. med.vet. Siegfried Matthes: Seiten 22, 25, 38, 40, 41, 48, 54, 61, 73, 82 und 107
Ermo Lehari: Umschlagbild
Übernahme aus: Sprehn „Kaninchenkrankheiten“: Seiten 29, 30, 32, 35, 45, 60, 64, 68, 69 und 106

Zeichnungen

Seiten 11, 18, 21, 27, 78, 79 und 122

12. Zur Behandlung von Kaninchenkrankheiten gebräuchliche Arzneimittel

(Angaben über Dosierung und Applikationsform gemäß Empfehlung der Herstellerfirmen. Hinweise auf den Beipackzetteln beachten!)

Präparat	›Indikation	Dosierung/Applikation
ANTIBIOTIKA		
Penicillin*	bakt. Infektionen Treponematose	25–40 000 IE/kg Kgw. i. m.; s. c. 40 000 IE/kg Kgw. i. m. mehrmals im Abstand von 2 Tagen
Streptomycin	bakt. Infektionen	10–15 mg/kg Kgw. i. m.; s. c.
Tetracyclin	bakt. Infektionen bakt. Darminfekte	20–50 mg/kg Kgw. i. m., 50 mg/kg Kgw. oral 600 ppm (Futtermedikation), 5. bis 10. Lebenswoche
Chloramphenicol	bakt. Infektionen bakt. Darminfekte	50–100 mg/kg Kgw. i. m.; s. c. 100 mg/kg Kgw. oral
Erythromycin	bakt. Infektionen	40–50 mg/kg Kgw. i. m.; s. c., 100–200 mg/Liter Wasser, 5 Tage lang
Spectinomycin	Schnupfen, Darminfektionen	20 mg/kg Kgw. i. m.; s. c.
A-S-Suspension	Schnupfen	1 ml/Tier i. m., 3 Tage lang
Gentamycin	bakt. Infektionen	8–10 mg/kg Kgw. i. m.; s. c. 3–5 Tage
Neoamfo	bakt. Darminfekte	1,0 ml/kg Kgw. oral
SULFONAMIDE		
Sulfaquinoxalin-NA	Dünndarm- und Leberkokzidiose	1 g/Liter Wasser, 14 Tage lang 1 kg/Tonne (Futtermedikation), 14 Tage lang
Sulka N	Dünndarmkokzidiose	1 Eßlöffel (15 ml) auf 10 Liter Wasser Therapie: 8–14 Tage lang Prophylaxe: 3–5 Tage lang, nach 4–6 Tagen wiederholen
Sulfathiazol	Dünndarmkokzidiose	
Aureo S 700	bakt. Darminfekte	6 g/kg (Futtermedikation), 5. bis 10. Lebenswoche
Supronal	Wundbehandlung	äußerlich
Borgal-Lsg. 7,5 %	bakt. Infektionen	0,5 ml/kg Kgw. i. m.; s. c.; oral
Davosin	bakt. Infektionen, Dünndarmkokzidiose	6 ml/Liter Wasser, 3–5 Tage

* = nicht bei tragenden und säugenden Häsinnen und bei Jungtieren

Präparat	Indikation	Dosierung/Applikation
KOKZIDIOSTATIKA		
Prophylaxe:		
Coyden	Darm- und Leberkokzidiose	125–200 ppm (Futtermedikation), 5. bis 10. Lebenswoche, 5 Tage Wartezeit
Robenidin	Darm- und Leberkokzidiose	50–66 ppm (Futtermedikation), 5. bis 10. Lebenswoche, 5 Tage Wartezeit
Lerbek	Darmkokzidiose	220 ppm (Futtermedikation), 5. bis 10. Lebenswoche, 5 Tage Wartezeit
Salinomycin	Darmkokzidiose	20–50 ppm (Futtermedikation), 5. bis 10. Lebenswoche, 5 Tage Wartezeit
Nococcin	Darm- und Leberkokzidiose	12,5 ml/10 kg Futter, 5. bis 10. Lebenswoche
Therapie:		
Darvisul T	Darmkokzidiose	2 ml/Liter Wasser, 3 Tage – 2 Tage Pause – 3 Tage
Nococcin	Darm- und Leberkokzidiose	6 ml/Liter Wasser, 14 Tage lang
Socatyl	Darm- und Leberkokzidiose	150–200 mg/kg Kgw. oral, 5 bis 6 Tage lang
Whitsyn S	Darm- und Leberkokzidiose	1 Eßlöffel (15 ml)/10 Liter Wasser, 5 bis 6 Tage lang
Eleudron-Lösung	Darmkokzidiose	40 Tropfen täglich 2mal auf Brotwürfel geträufelt, 3 bis 5 Tage lang
ANTHELMINTHIKA		
Thibenzole	Rundwurmbefall	100–200 mg/kg Kgw. oral
Piperazin-Citrat	Rundwurmbefall	200–300 mg/kg Kgw. oral
Citarin	Rundwurmbefall	8 mg/kg Kgw. oral
Yomesan	Bandwurmbefall Finnenbefall versuchsweise	100 mg/kg Kgw. oral
Mansonil	Bandwurmbefall	100 mg/kg Kgw. oral
Droncit	Bandwurmbefall	10 mg/kg Kgw. oral
Panacur	Rundwurmbefall	5 mg/kg Kgw. oral

Präparat	Indikation	Dosierung/Applikation
ANTIMYKOTIKA		
Likuden M*	Mykosen	25–50 mg/kg Kgw. oral
Tonoftal	Dermatomykosen	äußerlich, täglich bis zur Abheilung
Canesten	Dermatomykosen	äußerlich, täglich bis zur Abheilung
Trichotinin-Spray	Dermatomykosen	äußerlich, täglich bis zur Abheilung
Ectimar	Dermatomykosen	1%ige Lösung, äußerlich
INSEKTIZIDE		
Alugan	Befall mit Milben und anderen Ektoparasiten	0,5–0,6%ige Lösung, Puder, Spray äußerlich
Bolfo	Befall mit Ektoparasiten	Puder, Shampoo, Spray, äußerlich
Jacutin	Befall mit Milben und anderen Ektoparasiten	äußerlich
Neguvon	Befall mit Milben und anderen Ektoparasiten	0,15%ige, wäßrige Lösung, äußerlich, Behandlung nach 5 Tagen wiederholen
Odylen	Befall mit Milben und anderen Ektoparasiten	äußerlich
Ivomec*	Befall mit Milben	0,1–0,2 mg/kg Kgw. s. c.
CBM 8 (Sprühkonzentrat 20% Stäubepulver 1%ig	Fliegen und Insektenbekämpfung	0,5%ige Lösung, als Sprühmittel (10 Liter reichen aus für 50 m^2 Fläche; als Puder 2 g/m^2 Fläche)
Permethrin 25	Fliegen und Insektenbekämpfung	Beutel (25 g)/10 Liter Wasser, ausreichend für 300 m^2 Fläche
Gesektin K	Fliegen und Insektenbekämpfung	0,5–1,0%ige Lösung (10 Liter reichen aus für ca. 100 m^2 Fläche)
MAGEN-DARM-PRÄPARATE		
Krampflösende Mittel:		
Buscopan comp.	Tympanie, Obstipation	0,2 ml/kg Kgw. i. m.; s. c.
Novalgin	Tympanie, Obstipation	0,5 ml/kg Kgw. i. m.
Abführende Mittel:		
Glaubersalz	Obstipation, Enteritis	1 Teelöffel/100 ml Wasser, 5 ml auf 4–5 Stunden verteilt
Istizin-Pulver	Obstipation, Enteritis	0,5 g/Tier oral
Coecolysin	Obstipation	1–3 ml/Tier i. m., s. c.

* = nicht bei Fleischkaninchen

Präparat	Indikation	Dosierung/Applikation
Flüssigkeits- und Mineralstoffersatz:		
Elektrolysal-D-Lösung	Enteritis	5–10 ml/kg Kgw. i. abd.; s. c.
Elektrolyt-Lösung	Enteritis	3–10 ml/kg Kgw. i. abd.; s. c.
VITAMINPRÄPARATE		
B_1-Vicotrat	Vitamin-B_1-Mangel	
Vigantol	Rachitis, Vitamin-D-Mangel	1 Tropfen/2 Kaninchen, 3 bis 4 Wochen lang, Behandlung mit Kalkfütterung verbinden
Detavit-Aquat Vitakalk	Rachitis, Vitamin-D-Mangel	
Vit-E-aquosum Weizenkeimöl	Vitamin-E-Mangel Vitamin-E-Mangel	10-30 mg/Tier i. m.; s. c.
α-Tocopherol	Vitamin-E-Mangel	8–10 mg/kg Kgw. i. m.
Multivitamin-Kombination	Vitamin-Mangelzustände	10 Tiere 2,5 g oral
V-Mix	Vitamin-Mangelzustände	1 g/Liter Wasser, 3 bis 5 Tage
Vicaps	Vitamin-Mangelzustände	20 ml/2 Liter Wasser
Vitaminlösung (A, D_3, E)	Vitamin-Mangelzustände	1–2 ml oral
IMPFSTOFFE		
Myxomatose-Lebendimpfstoff Cunivak Myxo s.c. Cunivak jet	Myxomatose-prophylaxe	1 ml/Tier streng s. c. 1 ml/Tier s. c. 0,1ml/Tier intracutan mit Impfgerät Dermojet
RVHD-Vakzine „Arvilap“	RVHD-Prophylaxe	0,5–1,0 ml/Tier streng s. c.
Cunivac RHD		0,5 ml/Tier i. m. oder s. c.
RIKA-VACC		0,5 ml/Tier i. m. oder s. c.
NARKOSE-PRÄPARATE		
Ketamin Rompun	Beruhigung, zur Narkose in Kombination mit Rompun	80–100 mg/kg Kgw. i. m. 15–25 mg Ketamin/kg Kgw. plus 3–5 mg Rompun/kg Kgw. i. m.

Präparat	Indikation	Dosierung/Applikation
HORMONPRÄPARATE		
Receptal	Fruchtbarkeitsstörungen, Ovulationsinduktion bei post-partum-Besamung	0,2 ml/Tier i. m.
Oxytocin	Wehenschwäche, Agalactie nach der Geburt	0,25–0,5 ml/Tier i. m., s. c.
Orasthin	Geburtseinleitung	0,25 ml/Tier i. m.
PHARMAZEUTIKA		
Merckojod	Wunddesinfektion	äußerlich, unverdünnt
Rivanol	Wunddesinfektion	5%ige Lösung, äußerlich
Unguentum camphoricum salicylatum	Phlegmone, Abszeßreifung	äußerlich
Kampfersalbe 20 %	Phlegmone, Abszeßreifung	äußerlich, erkrankte Stelle mehrmals täglich einreiben
Zugsalbe 40	Phlegmone, Abszeßreifung	äußerlich, erkrankte Stelle mehrmals täglich einreiben
Kampfersalbe 20 % „Atarost“	Phlegmone, Geschwüre	äußerlich
MDP-Puder	Wundbehandlung	äußerlich
Leukomycin-Spray 1 %	Wundbehandlung	äußerlich

‰	= Promille ($^1/_{1000}$)
i. abd.	= intraabdominal (in die Bauchhöhle)
IE	= Internationale Einheiten
i. m.	= intramuskulär
Kgw.	= Körpergewicht
mg	= Milligramm ($^1/_{1000}$ Gramm)
ml	= Milliliter ($^1/_{1000}$ Liter, ccm, cm^3)
ppm.	= parts per million ($^1/_{1000000}$)
s. c.	= subcutan, subkutan

Fremdwörterverzeichnis

Abort	= Fehlgeburt
Abszeß	= umschriebene Eiteransammlung
Adenom	= drüsenartig gebaute oder in Drüsen vorkommende Geschwulst
adstringierend	= zusammenziehend
aetiologisch	= ursächlich
aerob	= Sauerstoff benötigend
akut	= plötzlich beginnend, schnell verlaufend
Ammoniak	= stechend riechendes Gas, entsteht bei der Zersetzung des Harns
anaerob	= ohne Luft (bzw. Sauerstoff) lebend oder erfolgend
Anämie	= Blutarmut
Anomal(ie)	= Regelwidrig(keit), vom Normalen abweichend
Anthelminthikum	= Wurmmittel
Antibiotikum	= gegen Bakterien gerichtetes Mittel
Antimykotikum	= gegen Pilze gerichtetes Mittel
Antiseptikum	= keimtötendes Mittel
attenuiert	= in der Virulenz abgeschwächt
Bakteriologie	= Lehre von den Bakterien
bar	= bar (Druckeinheit)
Brachygnathie	= Verkürzung des Kiefers, meist des Oberkiefers (Br. superior)
Cestodes	= Bandwürmer
chronisch	= lange dauernd, sich langsam entwickelnd
coccoid	= kokkenähnlich
Colitis	= Entzündung des Colons (Grimmdarm)
Degeneration	= Entartung
Dermatomykose	= durch Pilze verursachte Hautkrankheit
Desinfektion	= Vernichtung ansteckender Krankheitsstoffe
Diagnose	= Krankheitserkennung und -benennung
diffus	= ausgedehnt, ohne scharfe Begrenzung
dominant	= überdeckend (Erbanlage)
Dornfortsatz	= zum Rücken hinragender Teil der Wirbel, beim Bestreichen der Rückenlinie tastbar
dorsal	= zum Rücken gehörend
Dysfunktion	= gestörte Funktion

Ektoparasit	=	Schmarotzer an der Oberfläche des Wirtes
Ekzem	=	in verschiedenen Formen auftretende Hauterkrankung
Embryo	=	Keim im Beginn der Entwicklung
Endemie (Enzootie)	=	in gewissen Gegenden zeitweise oder ständig auftretende Krankheit
Endometritis	=	Gebärmutterentzündung
Endoparasit	=	Schmarotzer im Innern des Wirtes
Enteritis	=	Darmentzündung
Epidemie (Epizootie)	=	in einer Gegend plötzlich ausbrechende Seuche, die gleichzeitig viele Individuen befällt
Epithel	=	ein nur aus Zellen bestehendes, gefäßloses Gewebe
Eustachische Röhre	=	Ohrtrompete, Teil des Mittelohres
Exsikkose	=	Austrocknung
Exsudat	=	bei Entzündungen aus den Gefäßen austretende Flüssigkeit
Extremität	=	Gliedmaße
Fetus	=	Leibesfrucht im fortgeschrittenen Entwicklungsstadium
Fibrin	=	eiweißartige, bei der Blutgerinnung entstehende Substanz
Fibrom	=	Bindegewebsgeschwulst
Fistel	=	Gang, der ein tiefliegendes Organ mit der Körperoberfläche verbindet und durch den ein Exsudat oder Sekret abfließt
fixieren	=	befestigen, festhalten
Generalisation	=	Ausbreitung eines Krankheitsprozesses auf ein Organsystem (z.B. Haut) oder auf den ganzen Körper
Helminthes	=	(Eingeweide-)Würmer
Histologie	=	Lehre von den Körpergeweben
Hygiene	=	Gesundheitslehre
Hyperkeratose	=	übermäßige Verhornung
inaktiviert	=	unwirksam gemacht
Infektion	=	Eindringen krankheitserregender Stoffe in einen Körper
Infektionskrankheit	=	durch krankheitserregende Mikroorganismen verursachte Krankheit

Injektion	= Einspritzung
Inkubationszeit	= Zeit zwischen dem Eindringen eines Krankheitsstoffes und dem Ausbruch der Krankheit
Insektizid	= Insektenvernichtungsmittel
Intoxikation	= Vergiftung
Invasionskrankheit	= durch Endoparasiten verursachte Krankheit
Karzinom	= bösartige, aus Epithelzellen bestehende Geschwulst
Katarrh	= Schleimhautentzündung
Kokken	= kugelförmige Bakterien
Kokzidiostatikum	= gegen Kokzidien gerichtetes Mittel
Kolik	= plötzlich einsetzende, anfallsweise Schmerzen im Darm
Kondition	= Verfassung, Zustand
Konstitution	= Gesamtveranlagung, Körperbeschaffenheit
Kontraktion	= Zusammenziehung, z. B. von Muskeln
Luxation	= Verrenkung
Mikroorganismen	= Kleinstlebewesen (Bakterien, Viren, Pilze, Protozoen)
ml	= Milliliter, Kubikzentimeter, 1/1000 Liter
µm	= Mikrometer, 1/1000 Millimeter
mucoid, mucös	= schleimig
mumifiziert	= trocken, lederartig (einer Mumie ähnlich)
Mykose	= durch Pilze verursachte Krankheit
Mykotoxikose	= durch Pilzgifte verursachte Krankheit
Myxom	= Schleimgewebsgeschwulst
Nekrose	= Gewebstod, rasches Absterben von Gewebestücken
Nematoden	= Fadenwürmer
Nephritis	= Nierenentzündung
Netz	= Doppelblatt des Bauchfells, hängt schürzenförmig vor den Darmschlingen
Obstipation	= Verstopfung
Oedem	= Ansammlung von wäßriger, eiweißhaltiger Flüssigkeit im Gewebe
oval	= eiförmig
Papel	= kleines Knötchen in der Haut

Paralyse	= Lähmung
Parasitologie	= Lehre von den Parasiten (Schmarotzer)
Parenchym	= die charakteristischen, spezifischen Gewebsbestandteile eines Organs
pathogen	= krankmachend, krankheitserregend
pathologisch	= krankhaft
Penetranz	= Durchdringung
perakut	= sehr akut
Phlegmone	= akute, fortschreitende, zu Eiterungen führende Gewebsentzündung
Physiologie	= Lehre von den normalen Lebensvorgängen
physiologisch	= normal, bei gesunden Individuen vorkommend
Pilzhyphen	= Pilzfäden
Pleura	= Brustfell
Pneumonie	= Lungenentzündung
Präpatenzperiode	= Zeit zwischen der Aufnahme parasitärer Gebilde durch den Wirtskörper und der Geschlechtsreife des Parasiten
Prophylaxe	= Vorbeugung, Verhütung von Krankheiten
Puerperium	= Wochenbett
Punktion	= Einstich in Körperhöhlen oder Weichteile zur Entfernung von Flüssigkeiten
Pustel	= mit Eiter gefüllte Blase
Quaddel	= derbe, blasse Erhebung über der Haut
Quarantäne	= Beobachtungszeit
Resistenz	= Widerstand, Widerstandsfähigkeit
rezessiv	= überdeckt, überdeckbar (Erbanlage)
Rezidiv	= Rückfall
Sarkom	= bösartige Bindegewebsgeschwulst
Sekret	= Absonderungsprodukt einer Drüse
Sektion	= Leicheneröffnung
Selektion	= Auswahl, Auslese
Septikämie	= durch die Blutbahn vermittelte Allgemeininfektion
Serologie	= Lehre von den Eigenschaften und Anwendungen des Blutserums
Serosa (seröse Haut)	= einzelliges Häutchen
Sepsis	= eitrige Allgemeininfektion

Spore	= ungeschlechtlich entstehende Gebilde bei Bakterien und Pilzen, die sich ohne Befruchtung zu neuen Individuen entwickeln können
stationär	= örtlich, bleibend
subcutan, subkutan	= unter der (die) Haut
Sulfonamid	= zur Behandlung von bakteriellen Infektionen einsetzbare bestimmte chemische Verbindung
Symptom	= Krankheitszeichen, Krankheitserscheinung
Synthese	= Zusammensetzung, Verbindung zu einer Einheit
Tenazität	= Widerstand von Mikroorganismen gegenüber Umwelteinflüssen
terminal	= zum Ende gehörend, endständig
Tetanie	= Anfälle von schmerzhaften Muskelkrämpfen
Toxämie	= durch Toxine verursachte Allgemeinkrankheit
Toxin	= Giftstoff, der von Mikroorganismen, Tieren und Pflanzen gebildet wird
Toxikologie	= Lehre von den Giften
Trauma	= Wunde, Verletzung
Trematoden	= Saugwürmer
Trokar	= Instrument zur Entleerung von Flüssigkeiten (Gasen) aus Körperhöhlen
Tympanie	= Aufblähung des Bauches durch Gasbildung im Magen-Darm-Kanal
Typhlitis	= Blinddarmentzündung
Uterus	= Gebärmutter
Vakzination	= Schutzimpfung
Vakzine	= Impfstoff
Virulenz	= Giftigkeit, Stärke der krankmachenden Eigenschaften von Mikroorganismen
Zahnalveole	= Zahnfach
Zökotrophe	= Blinddarmkot

Sachregister